D1699113

Lieber Ande

Ich hoffe, daß dieses Büchlein
für Dich der Beginn einer fruchtbaren
Auseinandersetzung mit dem
Menschsein bedeutet.
Gleichgültig, ob Du berufliche Perspektiven
oder persönliches Gleiche
damit erreichst —
am Besten wünsche ich Dir
Beides —
Dein Wolfe

24.12.1988

Evelyn Weber

Große
Tiefenpsychologen

Einführung in Leben und Werk von
Sigmund Freud
Anna Freud
Carl Gustav Jung
Erich Fromm
Leopold Szondi

Nachwort von Verena Kast

Lebensbücher
Verlag Rolf Kugler

© Verlag Rolf Kugler, Oberwil b. Zug 1984
Gesamtherstellung: H. Mühlberger, Augsburg
Gesetzt in einer Bembo-Schrift (11 Punkt)
ISBN 3 85768 048 2

Verlagsauslieferungen:
H. R. Balmer AG, Neugasse 12, CH-6300 Zug, für die Schweiz
G. Umbreit & Co., Maybachstr. 18, D-7000 Stuttgart, für die BRD

INHALT

VORWORT

Wenn ich meinem Buch «Dichter privat» (Kugler, 1981) ein zweites Buch «Große Tiefenpsychologen» folgen lasse, so hat das einen ganz persönlichen Grund. Es ist mein Dank an die Psychologen, die mir durch das Beispiel ihres Daseins und Wirkens Lebenshilfe gaben. Wie bei den Dichtern sind bei großen Wissenschaftlern Leben und Werk eins.

Es ist auch mein Bekenntnis zur Psychoanalyse, der ich das Über-Leben vieler leidvoller Erfahrungen verdanke. Denn ich war ein unerwünschtes Embryo und ein von der leiblichen, unverheirateten Mutter abgelehntes Kind. Ich kam zu einer manisch-depressiven Pflegemutter und purzelte sozusagen in die Psychologie. Es gab nur zwei Wege, den zum Leben oder den zum Tode.

Es mag seltsam überraschend klingen: Während meiner ersten fünfzig Lebensjahre hatte ich mich nie einer Analyse unterzogen. Erfahrene Analytiker wollten mir das später kaum glauben. Nun, es war selbstanalytisches Versuchen mit allen Fehlern und Mängeln. Doch so entstand aus der Verzweiflung eines Kindes die künstlerische Tätigkeit des Schreibens und Publizierens. Und es vollzog sich in mir die Synthese von Kunst und Analyse.

Mein Weg war sehr folgerichtig. Von Goethe kam ich zu Sigmund Freud, einer Vater-Figur, die ich ein Leben lang in Liebe verehre. Seine Tochter, Anna Freud, hat meine Veröffentlichungen über ihren großen Vater und sie selbst nicht nur korrigiert, sondern auch lobend anerkannt. Plötzlich wurden, wenn auch klein und zaghaft, Wurzeln sichtbar. Es entstand ein geistiges Zuhause. Freuds Forderung: «Wo Es war muß Ich werden» wurde mir zur Lebens-Devise, ich wollte mich und dadurch andere Menschen kennenlernen.

Dieser innere Weg, C. G. Jung nannte ihn Individuationsprozeß, führte jedoch weiter. Trotzdem ich als einstige Schulversagerin alles autodidaktisch lernte, ergab sich eine Methode wie von selbst. Ich hatte sie, als sich alles so nahtlos vollzog, gar nicht durchschaut. Es geschah wie im Puzzle, Steinchen paßte auf Steinchen, und das Ganze war mir rätselhaft. Meine Entwicklung hatte ihre eigene Dynamik, der ich mich einfach hingeben mußte. Nie gab es ein Stillstehen, es gab keine Pause, kein Halten, nirgends einen Ruhepunkt. Aber es war auch nie langweilig; kein Tag verging, ohne daß ich etwas Neues gelernt hätte oder um eine Erfahrung reicher geworden wäre.

Es war für mich nur ein kleiner Schritt von Sigmund Freud, dem Entdecker des persönlichen Unbewußten, zu Carl Gustav Jung, der das kollektive Unbewußte und die Lehre von den Archetypen fand.

Nur hatte ich auch diesen Schritt zuerst gar nicht beachtet, er vollzog sich ganz still, weil ich schon immer Jungs Bücher las und viel Sekundärliteratur. Da hatte ich einen Traum: Ich saß bei Jung, der mir sagte, daß wir einander so gut verstehen, ich solle ihm folgen. Ich antwortete, daß ich Freud nicht untreu werden dürfe. Darauf sprach Jung: «Sie werden Freud nicht untreu, wenn Sie mir folgen!» Soweit der Traum.

Natürlich folgte ein Traum mit Freud: Er schenkte mir Wein ein, und ganz gegen meine Gewohnheit bat ich ihn, diesen mit Wasser zu mischen. Freud hält ein, die Flasche in der Hand, lächelt und sagt: «Aha, Jung!» Bis hier der Traum.

Die Wirklichkeit hatte bekanntlich die beiden Genies, die eigene Wege gehen mußten, an ihrer

Freundschaft scheitern lassen. Der Bruch ging durch die Wissenschaft und die Anhänger beider Schulen, nicht zum Vorteil für die Tiefenpsychologie. Diesen Konflikt trug ich unbewußt in mir und trage ihn wohl weiter.

Daß die Familien Freud und Jung einander stets achteten, beweist die Herausgabe des gemeinsamen Briefwechsels von Sigmund Freud und C. G. Jung (S. Fischer 1974) in Übereinstimmung der Söhne Ernst Freud und Franz Jung, die beide Architekten waren. – Als ich zum ersten Mal im Hause Franz Jungs in Küsnacht zu Besuch sein durfte, sagte er unvermittelt zu mir am Fenster mit Seesicht im ersten Stock: «Hier stand Freud!»

Nun gibt es bei mir nicht die Drei-Uneinigkeit Freud–Adler–Jung wie sie überall geläufig ist. Bei allen Verdiensten Alfred Adlers hat seine Individualpsychologie meiner Meinung nach keine Neuentdeckung in bezug auf das Unbewußte gebracht. Zudem lehne ich Adlers Buch «*Das Problem der Homosexualität und sexueller Perversionen*» ab, weil meine Lebenserfahrung zu entgegengesetzten Erkenntnissen führte.

Ich fand, weil mir lange keine Blutsverwandten bekannt waren, am Ende des Psychologisierens zur Genetik. Da waren Fragen offen, die ich unmöglich hätte beantworten können, weil mir die Erblehre versperrt war. So kam ich zum Entdecker des familiären Unbewußten. Ich lernte Leopold Szondi, den Schicksalsanalytiker kennen, und er dankte mit väterlicher Freundschaft, daß ich für seine Ideen öffentlich eintrat.

So haben wir in unserer Seele neben dem kleinen bekannten Teil des Ich die dreifache, unbewußte Ebene: das persönliche (Freud), das kollektive (Jung) und das familiäre (Szondi) Unbewußte. Die drei tiefenpsychologischen Schulen ergänzen sich; sie sollen zwar ihre Eigenart bewahren, aber sich im gegenseitigen Gedankenaustausch bereichern.

Im Gegensatz zur Drei-Uneinigkeit Freud–Adler–Jung steht die Dreieinigkeit Freud–Jung–Szondi, jedenfalls auf der Ebene des Unbewußten. Freud kannte sehr wohl auch das kollektive Unbewußte, mußte es aber das Archaische nennen, weil der Begriff die Entdeckung Jungs war, der seine Methode auch nicht mehr Psychoanalyse nennen durfte, weil diese Freud gehörte. Jung nannte seine Lehre zuerst Komplexe Psychologie, was sie wahrlich ist. Dann wurde sie endgültig bekannt als Analytische Psychologie. Die Tiefenpsychologie Leopold Szondis heißt Schicksals-Analyse.

Die Traumdeutung und die Terminologie der drei tiefenpsychologischen Richtungen sind verschieden, doch das Verbindende überwiegt. Die nachstehenden Kapitel erklären das deutlicher. Sie sollen Anregung sein, die Werke der Meister selber zu lesen, um ihnen näherzukommen.

Doch darf man nicht dem Irrtum verfallen zu glauben, das Studium allein genüge. Erkenntnis ist nicht das Ende, sondern der Anfang des Verstehens. Psychologie will, wie Religion, gelebt und nicht nur doziert werden. Im täglichen Leben ist lebendige Erfahrung alles.

Womit wir bei dem Psychologen angelangt sind, der meines Erachtens der heutigen Zeit am meisten zu sagen hat, Erich Fromm. Er plädierte zeitlebens für das Biophile (Lebendige) und gegen das Nekrophile (Tote). Seine Religion ist eine nicht theistische, seine Ethik ist lebbarer Humanismus. Fromms Ideen werden gelegentlich Utopien genannt; sein menschliches Bild von Karl

Marx wird gerne verkannt. Wer Erich Fromms Bücher sorgfältig liest, lernt seine wahre Ansicht kennen.

Erich Fromm führt von der Psychoanalyse zur Soziologie. Er zeigt einen gangbaren Weg zur Lebensbejahung trotz einer allgemein überhandnehmenden Weltuntergangs-Stimmung. Daß das möglich ist, beweist die Lebensfähigkeit der Psychologie. Ihr Geheimnis ist zugleich ihre Offenbarung. Darin liegt ihre heilende Kraft.

Für das Zustandekommen dieses Buches habe ich zu danken: meinem Verleger, Herrn Dr. phil. Rolf Kugler, der schon bei «Dichter privat» an mich glaubte, Frau PD Dr. phil. Verena Kast für freundschaftliche Unterstützung während des Schreibens und für das Nachwort, Frau Aniela Jaffé und Miß Barbara Hannah für ihr Einverständnis und ihre Ermutigung zur Veröffentlichung meiner Ansichten zu ihren Werken über C. G. Jung.

Es ist dies das erste Buch, das Beiträge über das C. G. Jung-Institut und die Jungsche Klinik am Zürichberg vereinigt. Ich danke der Leitung beider Institutionen für ihre tatkräftige Mithilfe.

Zürich, März 1984   Evelyn Weber

SIGMUND FREUD

Am 6. Mai 1856 wurde Sigmund Freud in Freiberg (Mähren) in eine andere Welt hinein geboren, als er sie 1939, am Anfang des Zweiten Weltkrieges, in London als Jude im Exil verließ. Achtundsiebzig Jahre seines Daseins verbrachte er in Wien, tagsüber während acht Stunden Patienten anhörend, die auf seiner Couch frei erzählend ihre innersten Leidenschaften preisgaben. Sie sprachen über alles, was sie bedrückte: Sexualität, Geschäfte, Träume. Abends schrieb Freud, gemütlich an einer Zigarre paffend, an seinem von antiken Kostbarkeiten überladenen Schreibtisch jene aufwühlenden Werke, die heute zur Weltliteratur gehören.

Kindheit und Herkunft

Wirtschaftliche Gründe zwangen den aus Galizien stammenden Jakob Freud, den Vater Sigmunds, die Heimat nochmals zu verlassen und nach Wien zu übersiedeln.

«Das Kind von ursprünglich wohlhabenden Leuten», Sigmund Freud, empfand diesen, in seine Ödipusphase fallenden, Ortswechsel als eine Katastrophe.

Der in Wien seßhaft gewordene ehemalige Reisende Jakob Freud ließ seinen begabten Sohn studieren. «Eine besondere Vorliebe für die Stellung und Tätigkeit des Arztes habe ich . . . nicht verspürt», stellte dieser später fest. Daß er Jude war, verhinderte eine Universitätslaufbahn. So mußte er lange arbeiten und sparen, bis er 1886 eine Praxis eröffnen konnte. – Seine Praxis befand sich zuerst in der Maria-Theresien-Straße 8, dann von 1891 bis zur Emigration 1938 an der Berggasse 19.

Seine Begabung zum Schriftsteller fiel früh schon Freuds Lehrern auf. In einem Brief schrieb der junge Freud: «Mein Professor sagte mir, daß ich das hätte, was Herder so schön einen ‹idiotischen› Stil nennt, das ist ein Stil, der zugleich korrekt und charakteristisch ist.» Es zog ihn zu Kunst und Geschichte, zum römischen Dichter Vergil und zum griechischen König Ödipus, in die Welt der Antike.

Erste Studien

Von seinem gar nicht wohlhabenden Vater verständnisvoll unterstützt, wandte sich der junge Wissenschaftler zuerst der Zoologie, dann der Neurologie zu. Als junger Arzt erforschte er die Droge Kokain und war sein eigenes Versuchskaninchen.

Zu der Zeit machte Freud die Bekanntschaft von Martha Bernays, die ihm eine liebevolle Gattin und Mutter seiner sechs Kinder wurde. Aus wirtschaftlichen Gründen mußten die beiden allerdings lange warten, bis sie sich vermählen konnten.

1885/86 hielt sich Freud zu Studien in Paris an der «Salpêtrière» auf, bei dem berühmtesten Neuropathologen seiner Zeit, Jean-Martin Charcot, dessen Werke er in die deutsche Sprache übersetzte.

Dann traf Freud in Wien den Internisten Josef Breuer. Mit ihm begann er die Hysterie zu erforschen, zuerst via Hypnose, die wenig nützte, da die Patienten nach ihrem Erwachen nicht mehr wußten, wovon sie in Trance gesprochen hatten. Aus der Breuerschen Methode, der sogenannten Katharsis, entdeckte Freud, daß die meisten Träume sexuellen Ursprungs waren. Ferner stellte er fest –

und das war umwerfend – daß die Sexualität im Kinde vor der Pubertät schon vorhanden ist, und der Mensch eigentlich bisexuell veranlagt ist. Das war dem biederen Breuer zu viel, er vermochte nicht zu folgen und trennte sich von Freud.

Wilhelm Fließ, der andere Freund Freuds, der ihn besser verstanden hätte, war Hals-, Nasen- und Ohrenarzt im fernen Berlin. Sie schrieben sich oft und trafen sich nur selten. So stand Freud allein mit seinen Erkenntnissen.

Isolation und Durchbruch

Es begann sein harter Kampf gegen Vorurteile. Die Gesellschaft der Ärzte verhielt sich, wie meistens Neuem gegenüber, ablehnend. Die Mediziner wollen oft freiwillig nichts mehr lernen, zu hoch ist der Status, der ihnen beigemessen wird. Sie werden geehrt und gelobt, auch wenn ihr Wissen stillsteht. Man verweigerte Freud das sogenannte Krankenmaterial aus der Klinik für seine Vorlesungen, schickte immer seltener Patienten in seine Praxis. Die finanzielle Situation verschlechterte sich. Aber unbeirrt ging er seinen Weg, allen Widerständen zum Trotz. 1900 schrieb er sein wichtigstes Werk: «*Die Traumdeutung*». Damit gelang ihm der Durchbruch zur Weltgeltung.

Einige wenige begannen aufzuhorchen. So Eugen Bleuler, Professor und Chefarzt am Burghölzli in Zürich, und sein vielversprechender Oberarzt, Carl Gustav Jung. Alfred Adler stieß in Wien zu Freud, wandte sich allerdings bald wieder von ihm ab und beschäftigte sich mit seinen Ideen der antiautoritären Erziehung und der Organminderwertigkeit. Die Getreuen Freuds, Karl Abraham, Wilhelm

Stekel, Max Eitingon und der Engländer Ernest Jones, sowie der Ungar Sandor Ferenczi – alles Ärzte – scharten sich um ihn und besuchten seine Mittwochabend-Vorlesungen in kleinem Kreise. Aber auch aus ganz anderen als medizinischen Bereichen begannen sich Begabte zunehmend für Freud und seine Ideen zu interessieren. Es seien hier nur Lou Andreas-Salomé, die Freundin Nietzsches und Rilkes, ferner Thomas Mann, Arnold Zweig und Stefan Zweig (nicht miteinander verwandt) genannt.

Freundschaft mit C. G. Jung

Die Psychoanalyse begann in langsamer, aber steter Entwicklung ihren Siegeszug um die Welt. Am erfolgreichsten setzte sie sich in den Vereinigten Staaten von Nordamerika durch, wo Freud und Jung bereits im Jahre 1909 Vorträge hielten, die sehr gut aufgenommen wurden.

Von allen Trennungen schmerzte Freud diejenige von Jung am meisten, hatte er in ihm, dem Begabtesten seiner Schüler, doch seinen Nachfolger gesehen. Das Einzigartige ihrer Begegnung war, daß jeder im anderen sogleich das Genie erkannte. Aber der Freundschaft zweier Genies sind zeitliche Grenzen gesetzt! Jung wollte und mußte seinen eigenen Weg gehen, der vom persönlichen zum kollektiven Unbewußten führte. Dieses kannte Freud natürlich auch, er nannte es das Archaische (aus sehr früher Zeit stammende Urbilder = die Jungschen Archetypen, die Inhalt des kollektiven Unbewußten sind).

Von der Psychoanalyse ausgehend, drang Carl Gustav Jung in die Mystik, Wilhelm Reich in die Biologie, Alfred Adler in das Erziehungswesen vor.

Freud blieb bei aller Weiterentwicklung sich selber treu, in seiner furchtlosen Einstellung zum Tode, seiner Ablehnung der Religion, selbst als Schicksalsschläge ihm eine Tochter und den geliebtesten Enkel raubten. Die Selbstanalyse hatte Freud gelehrt, mit der Wahrheit zu leben und zu sterben. Beides tat er heldenhaft.

Sein langes Sterben

Es war im Jahre 1928, als der alte Professor Sigmund Freud erstmals dem jungen Wiener Arzt gegenübersaß, der ihn während der schwersten Jahre seines Lebens betreuen sollte, Doktor Max Schur.

Fünf Jahre waren vergangen, seit Freud eine krebsartige Leukoplakie wegoperieren lassen mußte. Ambulant wollte Professor Markus Hajek, ein «eher mäßiger Chirurg» (Schur), der wuchernden Weißschwielenkrankheit in Freuds Mundhöhle beikommen. Ganz verstört fanden Frau Martha und Tochter Anna Freud blutüberströmt auf einem Küchenstuhl sitzend, in einem Nebenraum der Klinik. Weder Krankenschwester noch Arzt befanden sich in der Nähe. Beim zweiten Blutsturz, als Freud um Hilfe läutete, versagte die Klingel. Ein zwergwüchsiger Kranker aus demselben Zimmer eilte um Hilfe. Darauf blieb Anna die Nacht hindurch beim Vater. Im Verlaufe des nächsten Tages entließ Hajek seinen Patienten nach Hause. Kein Wort verlautete über die diagnostizierte Krankheit, obschon Freud selber Arzt und als Psychoanalytiker Wahrheitsfanatiker war.

Leukoplakien, kleine lästige weiße Dinger auf der Mundschleimhaut, hatte Freud schon öfter bei sich festgestellt. Die leidigen Zigarren trugen dazu bei. Aber Freud mochte den blauen Qualm nicht missen, glaubte, nur rauchend schöpferisch tätig sein und schreiben zu können. Ein Laster muß der Mensch schließlich haben, dachte der große Psychologe, sonst wird er mit den vielen Unlustgefühlen nicht fertig, die der Alltag aufzwingt. Natürlich ahnte Freud, was Hajek ihm verschwieg, daß es diesmal ernster um ihn stand.

Er verriet es in einem Brief an das Ehepaar Levy:

«Über mein Leiden und Operation ist nichts zu sagen . . . Die Unsicherheit, die eben über einem Mann von siebenundsechzig Jahren schwebt, hat nun einen materiellen Ausdruck gefunden. Es geht mir nicht nahe; man wird sich eine Weile mit den Mitteln der modernen Medizin wehren und sich dann der Mahnung von Bernard Shaw erinnern: ‹Versuche nicht, ewig zu leben, es wird dir nicht gelingen!›»

Ging es ihm wirklich gar nicht nahe? Warum hatte Freud zwei Monate gewartet, bevor er wegen seiner diesmal besonderen Geschwulst etwas unternahm? War es die Angst vor einem Rauchverbot, die Annahme, es handle sich um eine gewöhnliche Leukoplakie? Oder war es vielleicht doch der Todestrieb, den er entdeckt hatte?

Denn Freud selber war es gewesen, der den Dualismus im Unbewußten erkannte, wo sich Eros und Thanatos streiten, manchmal der Lebenswille siegt, dann wieder die Sehnsucht nach dem Nichtmehrsein. Nein, an Selbstmord dachte er nie. In «*Zeitgemäßes über Krieg und Tod*» hatte Freud geschrieben: «Das Leben zu ertragen bleibt ja doch die erste Pflicht aller Lebenden.» So hielt es Freud mit der Tapferkeit. Die Sorge um seine große Familie und die Zukunft der Psychoanalyse hielt ihn aufrecht.

In diese Zeit fiel der Tod von Freuds Lieblingsenkel Heinele, dessen Mutter, Sophie Halberstadt-Freud, bereits viel zu jung an der Grippe-Epidemie nach dem Ersten Weltkrieg gestorben war. Jetzt litt Freud an der ersten Depression seines Lebens.

Zur Abwechslung reiste er mit seiner Tochter Anna nach Rom, das er um seiner antiken Größe willen liebte. Nach seiner Rückkehr erfuhr er endlich die Wahrheit, die er völlig gefaßt aufnahm. Krebs also! Und Hajek hatte nicht alles erwischt! Doch wurde nun die ideale Arzt-Wahl getroffen. Professor Hans Pichler, Leiter der Abteilung für Kieferchirurgie an der Universitätsklinik Wien, hatte zahllose, im Ersten Weltkrieg schwer verwundete Soldaten operiert und dabei mit kühnen, neuen Methoden glänzende Erfolge erzielt. Dreiundzwanzig Mal sollte der außerordentlich gütige Pichler mit den eisernen Nerven den berühmten Patienten operieren. Die Tragik blieb nur, daß die Folgen von Hajeks erstem Eingriff nie wieder gutgemacht werden konnten. Noch gab es keine Antibiotika.

Pichler operierte am 4. Oktober und nochmals am 12. Oktober 1923. Freud ertrug Schmerzen und Röntgenbestrahlungen. Pichler hatte den Krebs besiegt, aber sein totaler Eingriff machte eine wirklich befriedigende Zahnprothese unmöglich. Der Verlust des größten Teils der Mundschleimhaut ließ sich durch Transplantation nicht völlig ausgleichen. Was folgte, war ein Leben endloser Qual. Essen, Rauchen und Sprechen waren Freud nur mit großer Anstrengung möglich. Dazu kamen immerwährende Schmerzen. Andere Prothektiker versuchten zu helfen, ebenfalls erfolglos.

So trat Freud ins Greisenalter, und es war an der Zeit, einen ständigen Arzt für ihn zu finden. Die Analytikerin und Freundin der Familie, Ruth Mack-Brunswick empfahl Dr. Max Schur, einen psychoanalytisch orientierten Internisten, der Freuds Vorlesungen besucht hatte und ihn verehrte.

Ihm nahm Freud 1928 das Versprechen ab, daß er ihm stets die Wahrheit sage und: «Versprechen Sie mir auch noch: wenn es einmal soweit ist, werden Sie mich nicht unnötig leiden lassen.» Schur sollte Freud nicht enttäuschen. Sein aufrichtiges Buch «*Sigmund Freud, Leben und Sterben*» (Suhrkamp 1973) erschien erst nach Schurs Tod und enthüllte die ganze Wahrheit. Schur gestand offen seine zuletzt vollzogene Sterbehilfe.

Vorerst ging Freud noch einen langen Leidensweg. Er duldete Verständnis, aber verbat sich Mitleid. Eitingon ließ er wissen: «Am besten, wenn Sie mich also niemals fragen, wie es mir geht.» Freud lernte, sein Leiden zu beherrschen, ohne absoluter Sklave der Krankheit zu werden. Diese Anpassung benötigte Zeit. Das Einsetzen und Herausnehmen der Prothese war qualvoll. Öffentliche Reden wurden Freud unmöglich.

Seine Tochter Anna vertrat ihn in Frankfurt, als ihm 1930 der Goethepreis verliehen wurde. «Nur wer des Deutschen mächtig ist, kann die Schönheit von Freuds Stil, seine meisterhafte Sprachbeherrschung ermessen.» Wie recht Schur damit hatte! Für den Literatur-Nobelpreis war Freud öfter vorgeschlagen als für denjenigen der Medizin. Keinen von beiden erhielt er, verdient hätte er sie.

War Freud anfänglich Besuchern aus dem Wege gegangen, weil ihm das Sprechen solche Schmerzen bereitete, empfing er schon vom Januar 1924 an wieder regelmäßig sechs Patienten täglich für jeweils eine Stunde. In späteren Jahren nahm er bereits ein bis zwei Tage nach den meisten chirurgischen Eingriffen seine Arbeit wieder auf. Er mußte das auch aus wirtschaftlichen Gründen. Während der sechzehnjährigen Leidenszeit entstanden folgende Bücher: *«Das Ich und das Es»* (1923), *«Psychoanalyse und Medizin»*, *«Hemmung, Symptom und Angst»* (1926), *«Die Zukunft einer Illusion»* (1927), *«Das Unbehagen in der Kultur»* (1929), *«Neue Folge der Vorlesungen zur Einführung in die Psychoanalyse»* (1932), *«Der Mann Moses und die monotheistische Religion»* (1939).

Abgesehen von seiner Nikotinsucht war Freud ein mustergültiger Patient. Die Einnahme von Medikamenten verweigerte er meistens, er wollte mit klarem Kopf denken. Bis fast zuletzt schlief er gut.

Erst 1936 brach der Krebs von neuem aus. Selbstverständlich hielt Schur Wort und sagte Freud die Wahrheit nach Pichlers Operation vom 18. Juli. Dreizehn Jahre nach dem ersten bösartigen Tumor lautete die Diagnose wieder auf Krebs. Eine heftige Wintererkältung blieb, wie leider jedes Jahr, auch diesmal nicht aus.

Ein einziges Mal stöhnte Freud unter Pichlers Messer auf: «Ich kann nicht mehr weiter!» Die lokale Narkose war ungenügend. Mit kühlem Kopf führte Pichler die Operation zu Ende.

Nicht genug der Leiden! Am 11. März 1938 marschierten die Nazis in Österreich ein. Freud war Jude und verfemt. Doch als Anna ihn fragte: «Wäre es nicht besser, wenn wir uns alle umbrächten?» erwiderte der Vater: «Warum, weil sie gerne möchten, daß wir das tun?» Prinzessin Marie Bonaparte und Dr. Ernest Jones ermöglichten der Familie Freud die Emigration nach England. Am 4. Juni 1938 verließ Freud Wien, «um in Freiheit zu sterben». England bereitete ihm einen großartigen Empfang.

Freud gefiel es in seiner Wahlheimat. Er staunte über die vielen Ehrungen. Nur Anna Freud und Dr.

Schur wußten, wie heimtückisch der Anfang jeder krankhaften Veränderung in Freuds Mund sein konnte. Er war jetzt zweiundachtzig. Die Möglichkeiten chirurgischer Eingriffe waren begrenzt. Im September 1938 kam Pichler eigens nach London, um Freud noch ein letztes Mal zu operieren. Wieder folgten Bestrahlungen mit ihren Nebenwirkungen. Aber immer noch empfing Freud drei Patienten täglich.

Das Lob Anna Freuds kann nicht hoch genug ausfallen! Nicht nur pflegte sie ihren kranken Vater liebevoll Tag und Nacht. Beide hatten einen Anti-Mitleidspakt geschlossen – noch war Freuds Galgenhumor vorhanden.

Dann nahmen Freuds Kräfte rasch ab. Die vermeintliche Besserung entpuppte sich als Täuschung. Es kam der Tag, als das Geschwür durchbrach und üblen Geruch verbreitete. Der Hund, ein Chow-Chow, den Freud liebte, kam nicht mehr in seine Nähe. Am 21. September 1939 ergriff Freud Schurs Hand und sagte: «Lieber Schur, Sie erinnern sich wohl an unser erstes Gespräch, mich nicht im Stich zu lassen, wenn es soweit ist?»

Schur spritzte Morphium. Freud schlief friedlich ein. Nach vierundzwanzig Stunden verabreichte Schur nochmals eine Dosis. In den ersten Stunden des 23. September 1939 hatte Freud ausgelitten. Das tapferste Herz hörte zu schlagen auf.

Freuds Bedeutung für die Tiefenpsychologie

Wenn es auch mit Medikamenten gelingt, Symptome psychischer Erkrankung erfolgreich zu bekämpfen: die Psychoanalyse wird ihren Platz behaupten. Längst ist sie in andere Gebiete wie Politik, Wirt-

schaft, Philosophie, Pädagogik und Soziologie vor-
gestoßen. Wo immer Selbsterkenntnis gefragt, be-
wußtes Leben gefordert wird, hat Sigmund Freud
mit der Bewußtmachung des Unbewußten einen
Weg gewiesen. Wer den Traum versteht und zu erklären weiß – wozu Phantasie, Bildung und Logik
erforderlich sind – hat mehr vom Dasein. Keine
Dichtung, weder Musik noch Malerei, lassen sich
ohne Deutung des Seelischen begreifen. Ob bewußt
oder unbewußt, niemand kann an Sigmund Freud
unbeteiligt vorbeigehen. Er hat uns sehender gemacht, unseren Horizont erweitert und regt heute
noch zum Denken an.

ANNA FREUD

Am 9. Oktober 1982 starb Anna Freud nach schwerer Krankheit in London, knapp zwei Monate vor der Vollendung ihres siebenundachtzigsten Lebensjahres. Mit ihr ist eine der letzten, großen Analytikerinnen aus der Anfangszeit der Psychoanalyse von uns gegangen. Sie war die engste Vertraute ihres Vaters und mit eigenen Leistungen an der Entwicklung der psychoanalytischen Lehre beteiligt. Ihre Pionierleistung vollbrachte sie auf dem Gebiet der Kinderanalyse. In ständiger Aktivität als Therapeutin entwickelte sie alle ihre Gedanken aus der Erfahrung ihrer eigenen Arbeit. Weil die hieraus erwachsenen Ideen eine der großen Säulen sind, auf der alle weitere Entwicklung der Kinderpsychotherapie aufbaut, wird sie in der ganzen Welt unvergessen bleiben. In den Herzen all jener, die sie gekannt haben, wird sie fortleben, weil ihre menschliche Wärme unauslöschlich bleibt. Die Liebe zur psychologischen Wahrheit und eigene Leiderfahrung machen ihre Größe aus.

Was Freud einst in Carl Gustav Jung gesucht hatte, den würdigen Nachfolger, fand er in seiner jüngsten Tochter. Doch Anna Freud wurde mehr als «Nachfolgerin» und «Kronprinzessin»!

Daß die Psychoanalyse sich von einer Therapiemethode zu einer Weltanschauung entwickelt hat und sich doch immer wieder im Alltag der therapeutischen Situation bewährt, macht ihre große Bedeutung aus. Das Genie Sigmund Freuds lebt in vielen Nachfolgern fort. Eine in Praxis und Theorie gleichermaßen Erfolgreiche unter ihnen war Anna Freud.

Ihr gebührt die Anerkennung dafür, daß sie die

Psychoanalyse über ihren Vater hinaus in das Neuland der Kinderpsychoanalyse geführt hat.

Wenn oft von den Kindern bedeutender Väter berichtet wird, daß sie angesichts der Größe ihres Vaters mutlos, ja, an ihr zerbrochen sind, so zeigt Anna Freud, daß dies kein unausweichliches Schicksal sein muß.

Im englischen Sprachraum wegen der Emigration früher entdeckt als bei uns, ist sie heute weltweit anerkannt. Die Laienanalytikerin wurde neunmal Ehrendoktor. Bis zu ihrer Erkrankung 1981 lag die Leitung der Hampstead Child Therapy Course and Clinic in ihren Händen. Ihr Lebenslauf erstreckt sich über mehr als achteinhalb Jahrzehnte und ist zugleich die Geschichte der Psychoanalyse.

Jugend in Wien

Am 3. Dezember 1895 wurde Anna Freud in Wien geboren, in jene «Welt von gestern», wie Stefan Zweig sie schilderte. Sicherheit bestimmte das äußere Leben, Kultur das innere. Kaiser Franz Joseph I. regierte, wie eine lange Reihe von Habsburgern vor ihm, die österreichisch-ungarische Monarchie, zu der Teile von Italien und Jugoslawien gehörten, sowie die noch nicht autonom existierende Tschechoslowakei. Dort, in Freiberg (heute Pribor) in Mähren, stand Sigmund Freuds Geburtshaus.

Anna war das jüngste der sechs Kinder Sigmund Freuds. Die älteste Tochter, Mathilde – nach Breuers Frau benannt – kam 1887 zur Welt. Ihr folgten 1889 Jean-Martin, 1891 Oliver und 1892 Ernst. 1893 wurde Sophie geboren und zwei Jahre später Anna.

Zur Zeit ihrer Geburt schrieb Freud mit Josef

Breuer an den «Studien zur Hysterie» und erdachte «Die Traumdeutung», die 1901 erschien und die Welt veränderte. Das Unbewußte – Dichter und Philosophen hatten es nie vergessen – war von Freud wiederentdeckt worden.

Kindertraum

In der «Traumdeutung» ist folgender Traum von Anna Freud als Beispiel für Wunscherfüllung enthalten:
«Mein jüngstes Mädchen, damals 19 Monate alt, hatte eines Morgens erbrochen und war darum den Tag über nüchtern erhalten worden. In der Nacht, die diesem Hungertag folgte, hörte man sie erregt aus dem Schlaf rufen: ‹Anna Freud, Er(d)beer, Hochbeer, Eier(s)peis. Papp.› Ihren Namen gebrauchte sie damals, um die Besitzergreifung auszudrücken; der Speisezettel umfaßte wohl alles, was ihr als begehrenswerte Mahlzeit erscheinen mußte; daß die Erdbeeren darin in zwei Varietäten vorkommen, war eine Demonstration gegen die häusliche Sanitätspolizei und hatte seinen Grund in dem von ihr wohlbemerkten Nebenumstand, daß die Kinderfrau ihre Indisposition auf allzu reichlichen Erdbeergenuß geschoben hatte; für dies ihr unbequeme Gutachten nahm sie also im Traum ihre Revanche.»

Die Eltern

Für Anna Freud trifft ferner zu, was ihr Vater in seinem letzten Werk «Der Mann Moses und die monotheistische Religion» schrieb:
«Es ist die Sehnsucht nach dem Vater, die jedem

von seiner Kindheit her innewohnt ... die Ent-
schiedenheit der Gedanken, die Stärke des Willens,
die Wucht der Taten gehören dem Vaterbilde zu,
vor allem aber die Selbständigkeit und Unabhängigkeit.»

Jedoch wäre es unfair, bei der überragenden Va-
terfigur der Mutter nicht ebenso zu gedenken. Ihr
danken wir die Entwicklung der weiblichen Seite
Anna Freuds. Lou Andreas-Salomé, beider Freundin, beschrieb Martha Freud treffend:
«Das habe ich an Frau Freud bewundert, daß sie so
von ihrem Wesens- und Wirkungskreis aus unbeirrbar das Ihrige erfüllt, immer bereit, in Entschieden-
heit und Hingabe, gleich weit entfernt von über-
heblicher Einmischung in des Mannes Aufgaben
wie von Unsicherem oder Nebenstehendem. Durch
sie sind die sechs Erziehungen sehr psychoanalysen-
fremd geblieben; doch ist das von Freuds Seite gewiß nicht bloß Gewährenlassen gewesen.»

Anna war ursprünglich nicht Freuds Lieblings-
tochter, sondern Mathilde, seine Älteste, bis zu ihrer Heirat. Anna war dem Vater eher Kameradin.
Sein Verhältnis zu ihr hatte etwas Unbekümmertes
und Fröhliches. Fleiß, vor allem in Handarbeiten
zeichnete das junge Mädchen aus. Freud mußte seine Tochter regelrecht zum Faulenzen zwingen, indem er sie auf Wanderungen und zum Pilzesuchen
mitnahm. So stand sie dem Vater nahe, längst bevor
sie seine «Antigone» wurde.

Es muß gesagt werden – alles andere wäre un-
wahr – das Familienleben der Freuds verlief normal!
Martha Freud war keine unverstandene Frau. Wenn
sie auch ihrem Mann nicht auf seinem geistigen Hö-
henflug bis ins letzte folgte, hielt sie dafür das Häusliche in Ordnung, was ihm nützlicher war. Ein
Sohn Freuds soll einmal bekannt haben, erst mit

siebzehn Jahren aufgeklärt worden zu sein, was damaligen Normen durchaus entsprach. Einen anderen Sohn soll Freud mit Pubertätsschwierigkeiten kurzerhand zum Hausarzt geschickt haben.

Von seinen Erkenntnissen über die infantile Sexualität und die Perversionen war Freud selber schockiert. Anna verursachte auch in dieser Hinsicht keine Probleme, selbst als kleines Kind nicht. Zu Tante Minna Bernays soll sie einmal treuherzig geäußert haben: «An Geburtstagen bin ich meistens ein bißchen brav», und der Vater hielt fest: «Annerl wird geradezu schön vor Schlimmheit.» Es beruhigt uns zu wissen, daß die bedeutende Kinderanalytikerin das Kind in sich auch ausleben konnte.

Schulzeit

Mit sechs Jahren kam Anna 1901 in die Volksschule. In der fünften Klasse wechselte sie in das Cottage Lyzeum, das keine jüdische Schule war, wie oft irrtümlich verbreitet worden ist. Aber die Leiterin, Salka Goldmann, war Jüdin, ebenso etwa die Hälfte der Schülerinnen. Bereits in ihrer Schulzeit fällt Anna Freud durch ihre Sprachgewandtheit und Formulierkunst auf. 1963, im Alter von 68 Jahren, erzählte sie aus dieser Zeit über Kindheit und Regression: «Meine erste Beobachtung solcher Rückkehr vom Sekundär- zum Primärvorgang fällt in meine eigene Schulzeit, als Mitglied einer Klasse von etwa Sechzehnjährigen. Wir litten zur Zeit unter einem Stundenplan, in dem anstrengende Gegenstände sich ohne genügende Zwischenpausen aneinander reihten. Die Mädchen, die am frühen Morgen imstande waren, dem Unterricht ruhig und aufmerksam zu folgen, wurden zunehmend unruhiger, bis in der fünften oder sechsten Stunde auch die harmlosesten Aussprüche der Professoren nichts auslösten als wildes Kichern. Unsere männlichen Lehrer bezeichneten ein solches Verhalten mit viel Entrüstung als das Benehmen der sprichwörtlich ‹dummen Gänse›. Mir schien die Entrüstung nicht ganz am Platz. Ich verstand, daß wir übermüdet waren, aber der Zusammenhang zwischen Müdigkeit und Ich-Regression war zur Zeit noch außerhalb der mir zugänglichen Begriffe.»

Anna Freud, die den Schulbetrieb ihrer Zeit derart durchschaute, wurde Volksschullehrerin. Wie beliebt sie als solche war, zeigt der schwärmerische Brief eines ehemaligen Schülers: «Sie war eine so wunderbare und einfache Erscheinung, daß ich sie in dieser Zeit zutiefst liebte.» Eine Mischung von Güte und Strenge mag ihr schon damals hilfreich im Umgang mit Kindern gewesen sein. Ein anderer Schüler meinte: «Diese junge Frau hatte uns viel besser unter Kontrolle als die älteren Tanten.» Autorität scheint ihr angeboren gewesen zu sein, auch sie gehört zum Erbe des Vaters.

In diese Zeit fällt die erste Begeisterung Anna Freuds für den Dichter Rainer Maria Rilke, die sie nie mehr verlassen wird. Am 1. April 1915 schrieb Freud an Lou Andreas-Salomé: «Herrn Rainer Maria Rilke wollen Sie sagen, daß ich auch eine 19jährige Tochter habe, die seine Gedichte kennt, zum Teil auswendig herzusagen weiß und dem Bruder in Klagenfurt um den Gruß neidisch ist.» Es war wirklich eine arge Enttäuschung für Anna gewesen, daß der Dichter Zeilen von Lou Andreas-Salomé lediglich Grüße an Ernst Freud beigefügt hatte.

Lehrtätigkeit

Fünf Jahre unterrichtete Anna Freud Schulkinder. Die Lehrerin bleibt zugleich Lernende. Mehr und mehr beginnt sie psychoanalytische Bücher zu lesen und sich für des Vaters Arbeit zu interessieren. Zuerst denkt sie noch gar nicht daran, Analytikerin zu werden. Doch auch als solche wird sie Pädagogin bleiben und die Synthese von Analyse und Erziehung finden. Ein Leben lang befaßt sie sich mit Kindern und Jugendlichen. Als sie einen ihrer vielen Ehrendoktorhüte entgegennahm, sagte sie: «Klinische Erfahrung . . . bekam ich dadurch, daß ich an der Schule unterrichtete.» Dahinter stand jedoch mehr. Unter anderem hatte sie klinische Visiten mit Professor Julius Wagner-Jauregg an der Wiener Universitäts-Klinik absolviert.

Lehranalyse

Von 1918 bis 1921 ging sie zu ihrem Vater in die Lehranalyse. Das wurde ihr oft angekreidet. Aber zu wem sonst hätte sie gehen sollen? Freud war doch der beste unter den Analytikern und stand ihr väterlich nahe. Zudem war sie überhaupt nicht neurotisch.

Paul Roazen schreibt in «Brudertier – Sigmund Freud und Victor Tausk: Die Geschichte eines tragischen Konflikts» (Hoffmann und Campe, Hamburg 1973):

«Die Analyse seines jüngsten Kindes, seiner Tochter Anna, begann in der letzten Phase des Ersten Weltkrieges. In Briefen sprach Freud sehr offen über diese Analyse, und für eine kleine Gruppe seines inneren Kreises wurde sie zu einem öffentlichen

Geheimnis.» Freud erörterte in späteren Jahren mit Lou Andreas-Salomé «in seinen Briefen die emotionalen Probleme seiner Tochter Anna. Und in den zwanziger Jahren war Lou eine Zeitlang Annas Psychotherapeutin. Freud hatte Lou gebeten, ihm behilflich zu sein, Annas Bindung an ihn zu lösen – was Lou jedoch ablehnte . . . Lous eigenes Engagement wurde darin deutlich, daß sie eines ihrer Bücher Anna Freud widmete.»

Anna Freud begab sich in Analyse, weil der Beruf, oder richtiger ihre Berufung, sie ergriffen hatte. Jahrzehnte später erinnerte sie sich an ihre Ausbildung:

«Mit den wenigen überlebenden Laienanalytikern meiner Generation habe ich den Umstand gemeinsam, daß unsere Ausbildung zu einer Zeit stattfand, bevor die offiziellen Ausbildungsinstitute gegründet wurden. Wir wurden von unseren Lehranalytikern ausgebildet, durch selbständiges, ausgiebiges Lesen der Literatur, durch die unbeaufsichtigten Versuche mit unseren Patienten, lebhaften Austausch von Ideen und die Diskussion von Problemen mit den Älteren und Gleichaltrigen.»

Die Analytikerin

Nicht nur Annas wegen, wie vielfach behauptet wird, setzte sich Freud vehement für die Laienanalyse ein. Die Psychoanalyse ist, wie die Kunst, im Allerletzten nicht erlernbar, sondern gründet auf Talent. Die Psychoanalyse mußte verarmen, als so originelle Persönlichkeiten, wie es die Laienanalytiker der ersten Stunde gewesen waren, nicht mehr zugelassen wurden.

Zudem wird trotz allen akademischen Vorschriften gern übersehen, daß jede Analyse mit dem Charakter des Analytikers steht und fällt. Seine Persönlichkeit ist weitaus wichtiger als eine akademische Ausbildung oder seine Zugehörigkeit zu einer bestimmten Schulrichtung; denn nicht auf diese, sondern auf die Integrität der Persönlichkeit des Therapeuten baut der Patient seine Hoffnungen und seine Mitarbeit.

Lange pflegte Anna Freud bei psychoanalytischen Veranstaltungen, zu denen sie fortan den Vater begleitete, zu schweigen. Ihr lag die Kunst des Zuhörens.

Vortragstätigkeit

Als sie dann selber sprach, waren ihre Auftritte überwältigend. Ein begeisterter Journalist schrieb in der Frankfurter Zeitung:
«Anna Freud, Volksschullehrerin aus Wien, Tochter Sigmund Freuds, eine schlanke junge Frau mit dunklem Haar über einem gelösten klaren Gesicht, stand gestern auf dem Podium des kleinen Saalbaues, der bis zum letzten Platz ausverkauft war, so daß sehr viele, die sie hören wollten, keinen Einlaß mehr fanden. Anna Freud sprach übrigens zum ersten Mal vor einer breiten Öffentlichkeit. Ihre Vortragsweise ist von so vollkommener Schlichtheit und Klarheit und bei aller Sachlichkeit, so fern von rhetorischer Prätention, daß sie zu hören einen ästhetischen Genuß bedeutete: geistige Anmut, die ohne Mühe zu fesseln vermochte.»

Praxis

Im Jahre 1923 begann sie zu praktizieren, auch an der Berggasse 19. Das Wartezimmer teilte sie mit ihrem Vater. Ihr Anfang wäre verheißungsvoll gewesen, doch war zuvor eine tragische Wende eingetreten.

Schicksalsschläge

Freud trafen in kurzer Folge drei Schicksalsschläge. Am 26. Januar 1920 raffte die Grippeepidemie seine schöne Tochter Sophie Halberstadt-Freud in Hamburg dahin. Freud schrieb an Ferenczi, wie ihm zumute war: «Da ich im tiefsten ungläubig bin, habe ich niemand zu beschuldigen und weiß, daß es keinen Ort gibt, wo man seine Klage anbringen kann... Ganz tief unten wittere ich das Gefühl einer tiefen, nicht verwindbaren narzißtischen Kränkung. Meine Frau und Annerl sind im menschlicheren Sinne schwer erschüttert.» Das sagt alles. Aber es kommt noch mehr. Sophies Bub, Freuds geliebter Enkel Heinele, der bei ihm in Wien eine neue Heimstatt gefunden hatte, starb vierjährig. Kurz zuvor war Freuds Mundhöhlen-Krebs ausgebrochen. In dieser Zeit wuchs Anna zur Antigone, ihrem Vater im Dunkel beistehend.

Anna wurde zugleich Freuds Vertreterin auf psychoanalytischen Kongressen. An seiner Stelle nahm sie Ehrungen entgegen, unter anderen den Goethepreis der Stadt Frankfurt.

Freuds Pflege

Ernest Jones schrieb in seiner Freud-Biographie: «Vom Beginn der Krankheit bis zum Ende seines Lebens weigerte sich Freud, eine andere Pflegerin als seine Tochter Anna um sich zu haben. Er schloß mit ihr gleich zu Anfang einen Pakt, daß kein Gefühl zur Schau getragen werden dürfe, alles Nötige solle sachlich ohne emotionale Beteiligung . . . ausgeführt werden. Diese Haltung, ihre Tapferkeit und Festigkeit ermöglichten es ihr, selbst in den qualvollsten Situationen nicht von der Abmachung abzugehen.»
(Ernest Jones, Sigmund Freud, Fischer 1969).

Erste Veröffentlichungen

Das erste eigene Manuskript Anna Freuds trug den Titel *«Schlagephantasie und Tagtraum»*. Diesen Vortrag hielt sie in der Wiener Psychoanalytischen Vereinigung. Darin nannte sie, die sich nie mit fremden Lorbeeren schmückte, die Analytikerin Lou Andreas-Salomé, August Aichhorn, den Verfasser von «Verwahrloste Jugend» und Siegfried Bernfeld, der eine Stätte für behinderte jüdische Kinder gründete, ihre Wegbereiter. Sie verehrte auch Maria Montessori, die als eine der ersten dem Kind eine eigenständige Persönlichkeit zugestanden hatte.

Mehrere Briefe zeugen davon, daß Freud mit seiner Tochter Anna im Privaten wie im Beruflichen zufrieden war. An Lou Andreas-Salomé: «Was an mir noch erfreulich ist, heißt Anna. Bemerkenswert, wie viel Einfluß und Autorität sie unter der analytischen Menge gewonnen hat . . . Überraschend auch, wie scharf, klar und unbeirrbar sie den

Stoff bewältigt, wirklich unabhängig von mir.» Und an Arnold Zweig, nachdem Anna Freuds Buch «*Das Ich und die Abwehrmechanismen*» 1936 erschienen war: «Daß Sie Annas Buch so sehr schätzen, hat mich sehr gefreut. Das Kind ist ein tüchtiger, selbständiger Mensch geworden, dem zu erkennen vergönnt ist, was andere nur verwirrt.»

Die Dozentin

Anna Freud beteiligte sich regelmäßig an den Vorlesungen des Wiener Lehrinstituts. Ab 1937 leitete sie einen experimentellen Kindergarten für Kleinkinder aus Wiener Elendsbezirken.

Wiederum bleibt sie, auch als Dozentin noch, gleichzeitig Lernende. Nie hörte ihre Weiterbildung auf. Unentwegt drängte ihre geistige Entwicklung voran. Offenheit für Neues kennzeichnete die Pionierin.

Arbeitsalltag

Trotz Freuds Krankheit und der bedrohlicher werdenden politischen Entwicklung ging der Tageslauf normal weiter: Morgenspaziergang mit den Hunden, Behandlung von Patienten, Büroarbeit oder Lehrtätigkeit. Nach dem gemeinsamen Familien-Mittagstisch folgten wiederum Analysen bis zum Abendessen. Danach war auf keinen Fall schon Feierabend. Nachts entstand das Eigentliche, das Werk. Vater und Tochter arbeiteten gemeinsam oder allein am Schreibtisch. In jenen späten Abendstunden, aber erst als Anna längst Psychoanalytikerin war, weihte der Vater sie in seine Arbeit ein.

42

Nun wurde sie seine Vertraute und erhielt Einblick in die tieferen Geheimnisse der Psychoanalyse. Sie lernte, in die Abgründe der menschlichen Seele zu sehen. Ihr offenbarten sich die Verstrickungen in den tieferen Schichten des Unbewußten. Anna Freud fand in sich die Kraft, Analytiker zu sein.

Sie erkannte, daß Liebe und Güte allein nicht ausreichen, sondern daß es der Strenge und Härte, die dem Vater so oft vorgeworfen wurden, gerade aus Menschenliebe und Verständnis bedarf. Niemals aber wird sie, so wenig wie Sigmund Freud, der Verhärtung anheimfallen.

Die Freundin: Dorothy Burlingham

Hier scheint mir der Augenblick gekommen, jener Person zu gedenken, der Anna Freud außer ihrem Vater vielleicht am meisten verdankt: ihrer 1979 verstorbenen Freundin und Mitarbeiterin Dorothy Burlingham. Diese war eine geborene Tiffany, was ihr finanzielle Unabhängigkeit gab. Sie war verheiratet, ließ sich später scheiden und zog mit ihren vier Kindern nach Wien. Dort begab sich Dorothy Burlingham in Analyse, zuerst bei Theodor Reik, dann bei Freud selber, während ihre Kinder zu Anna Freuds ersten Patienten gehörten. Das war um das Jahr 1925. Wie es sich damals oft ergab, wurde aus der einstigen Analysandin mit den Jahren eine begabte Analytikerin. Mehr noch, die ganze Familie Freud hatte Dorothy Burlingham in ihren engsten Kreis aufgenommen. Dorothy Burlingham zog in die Berggasse 19 und wohnte eine Etage über den Freuds. Sie war es auch, die Freud den ersten Chow-Chow schenkte.

An Ludwig Binswanger schrieb Freud 1929:

«Unsere Symbiose mit einer amerikanischen Familie (ohne Mann), deren Kinder meine Tochter mit fester Hand analytisch großzieht, befestigt sich immer mehr, so daß auch unsere Bedürfnisse für den Sommer gemeinsam sind.»

Gemeinsam blieben die Bedürfnisse Anna Freuds und Dorothy Burlinghams für alle kommenden Jahrzehnte, bis der Tod sie trennte. Wenn immer das Werk Anna Freuds genannt wird, ist auch der Verdienste Dorothy Burlinghams zu gedenken.

Emigration nach England

Der dunkelste Tag in Anna Freuds Leben war der 22. März 1938. Hitler war in Wien einmarschiert, Österreich dem Deutschen Reich gleichgeschaltet. Freuds Bücher wurden öffentlich verbrannt und die Psychoanalyse verboten. Nazi-Schergen drangen in die Wohnung, Anna Freud wurde zur Gestapo zitiert und ins Verhör genommen.

Sie hatte Angst, war auf Einweisung in ein Konzentrationslager gefaßt und hatte vorsorglich eine Giftampulle mitgenommen. Spätabends kehrte sie aber zurück.

Der Prinzessin Marie Bonaparte, dem amerikanischen Gesandten in Frankreich, William Bullitt, und vor allem Ernest Jones ist es zu danken, daß die Familie Freud 1938 nach London ausreisen konnte.

Für Freud bedeutete die Emigration «in Freiheit sterben». Für Anna wurde England zur zweiten Heimat.

Nur knapp ein Jahr lebte ihr Vater noch in dem schönen Haus Maresfield Gardens 20. Aufopfernd pflegte ihn Anna bis zum Tode daheim.

Nach Freuds Tod mußte Anna völlig auf eigenen

Füßen stehen. Sie war zwar schon vierundvierzig Jahre alt, lebte aber mitten im Krieg, dessen Ausgang ungewiß war, in einem fremden Land. Dennoch fand sie die Kraft zu intensiver Arbeit. Ihr eigenes Lebenswerk begann in England nach dem Tode ihres Vaters.

Die Kinderpsychoanalyse

Zu den gemeinsamen Grundlagen von Erwachsenen- und Kinderpsychoanalyse schrieb Anna Freud in «*Wege und Irrwege in der Kinderentwicklung*» (Huber/Klett, Stuttgart, 1968):
«Die Kinderanalytiker selbst hatten keine Eile, ihre Abweichungen von der klassischen Technik zu proklamieren. Im Gegenteil: alle ihre Neigungen gingen dahin, die Ähnlichkeit oder Identität der beiden Methoden in den Vordergrund zu schieben und zu betonen, daß sie mit ihren kindlichen wie mit ihren erwachsenen Patienten an dieselben therapeutischen Grundregeln gebunden blieben. In die Sprache der Kinderanalyse übersetzt, verpflichteten diese Regeln sie zu folgendem:

1. dem Patienten gegenüber nicht von ihrer Autorität Gebrauch zu machen und damit soweit als möglich die Suggestionswirkung aus der Behandlung auszuschalten;

2. dem Abreagieren von Triebregungen keine therapeutische Wirkung zuzusprechen;

3. so wenig als möglich in das äußere Leben des Patienten einzugreifen, d. h. die Lebensumstände des Kindes nur zu verändern, wo es sich

darum handelt, offenbar schädlichen oder trau-
matisierenden Einflüssen ein Ende zu machen;

4. in der Deutung von Widerstand und Übertragung und dem Bewußtmachen von unbewuß-
tem Material die legitimen Mittel der Analyse zu
sehen.»

Intermezzo mit Melanie Klein

Anna Freud hatte in London Fuß gefaßt; aber man
glaube nicht, daß sie es leicht hatte! Denn dort
wirkte bereits seit den zwanziger Jahren erfolgreich
Melanie Klein. Auch sie war ursprünglich aus Wien
gekommen, stammte aus orthodox-jüdischer Familie, hatte einige Semester Kunst und Geschichte studiert und 1903 geheiratet. 1904 kam ihre Tochter
Melitta zur Welt, die ebenfalls Kinderanalytikerin
wurde und der Mutter bei der Herausgabe ihrer
Werke half. 1935 bekamen die beiden Streit, und
Melitta brach alle persönlichen und beruflichen Beziehungen zur Mutter ab. Melanie Klein blieb so
mit ihrem 1914 geborenen Lieblingssohn Erich allein zurück; denn der 1907 geborene Hans war ein
Jahr vor dem Fortgang Melittas beim Bergsteigen
ums Leben gekommen. Alle früheren analytischen
Erfahrungen hatte Melanie Klein an ihren eigenen
Kindern gesammelt. Das taten andere zwar auch,
aber sie ging soweit, den Ödipuskomplex einfach
von vier auf zwei Jahre vorzuverlegen. Melanie
Klein erfand die sogenannte Spieltherapie, kon-
struktives wie destruktives Spiel, ein Agieren in
spielerischer Form. Grundlage hierfür war ihr Anna
Freuds «Einführung in die Technik der Kinderana-

lyse». Ihr Ehrgeiz wollte das aber später nicht mehr wahrhaben.

Anna Freud kritisierte besonders, daß Melanie Klein alle Handlungen des Kindes symbolisch deutete. Manchmal gebe es auch einfachere Erklärungen.

Im Mai 1927 hatte in London das «Anti-Anna-Freud-Symposium» stattgefunden, auf dem Melanie Klein im Kreise ihrer Schüler und Anhänger das Wort ergriff und Anna Freuds bisheriges Werk zu zerpflücken begann. Sie versuchte sogar, Freud gegen seine Tochter auszuspielen und gipfelte in der Forderung, «daß wir nämlich vollständig und ohne Vorbehalte die Beziehungen des Kindes zu seinen Eltern und seinen Ödipuskomplex analysieren müssen». Das hieß im Klartext, daß Anna Freud durch ihren Vater ungenügend analysiert worden sei. Damit wollte Melanie Klein Freud selber treffen, denn sie verschwieg konsequent, daß es ihre eigenen Kinder waren, deren Fallgeschichten sie ständig publizierte. Anna Freud zeigte Vornehmheit und schwieg, als sie von dem Ereignis Nachricht bekam. Dieses Schweigen lohnte sich. «Hätte sie sich gewehrt», schrieb Uwe Henrik Peters in seiner Anna-Freud-Biographie (Kindler, 1979), «so wäre wohl ein Schisma (eine Spaltung) zwischen einer kontinentaleuropäischen und einer englischen Psychoanalyse unvermeidbar gewesen. Die Zeit arbeitete . . . ohnehin für Anna Freud.»

Die Ich-Psychologie

Im London des Zweiten Weltkrieges, mit Bombennächten und Zerstörung, nahm das eigenständige Werk Anna Freuds seinen Anfang. Nun trat sie aus dem Schatten ihres Vaters und wurde schöpferisch in Wort und Tat. Einer ihrer Schüler war Erik H. Erikson. Durch ihn und andere wurden die Ansätze zur Entwicklung der Ich-Psychologie geschaffen, woran Anna Freud mit ihrem wichtigsten Buch «*Das Ich und die Abwehrmechanismen*» (1936), das von Heinz Kohut neben die «Traumdeutung» (1901) ihres Vaters gestellt wird, wesentlichen Anteil hat.

Die Hampstead Nurseries

Anfangs erhielten Anna Freud und Dorothy Burlingham von privater Seite finanzielle Unterstützung zur Aufnahme bombengeschädigter Londoner Kinder. Später bekamen sie Geld von den amerikanischen Foster Parents für Kriegskinderbetreuung. 1941 wurden die Hampstead Nurseries eröffnet. Anna Freud erkannte, daß Kinder viel aushalten, Nächte in Luftschutzkellern und Entbehrungen. Aber auf die Trennung von den Eltern, besonders der Mutter, reagieren sie empfindlich. Nach Kriegsende wurden in einer separaten Institution, von jüdischen Komitees finanziert, Kinder gepflegt, die Konzentrationslager überlebt hatten.

Hampstead-Kinder-Therapie-Kurse

Die Gründung der «Hampstead Child Therapy Courses», Lehrgänge für Kinderpsychoanalyse erfolgte 1947. Seither werden jährlich, obschon viel mehr kommen möchten, vier bis acht Kandidaten durch theoretischen und praktischen Unterricht,

Fallseminare und Lehranalyse ausgebildet. Bis 1978 waren es 101 Kinderanalytiker.

Die Hampstead-Klinik

Ein Wunsch Anna Freuds ging 1952 in Erfüllung, als die Klinik dem Ausbildungsinstitut angeschlossen wurde. Eine medizinische und psychologische Beratung für Kleinkinder, eine Erziehungsabteilung für blinde Kinder und etliche Forschungsprojekte ließen sich verwirklichen. Heute befindet sich die Hampstead Clinic in drei Häusern in Maresfield Gardens. Das erste schenkte 1952 die Field Foundation, das zweite die New Land Foundation anläßlich Freuds 100. Geburtstag 1956, das dritte Haus vermachte Mrs. Lita Hazen 1967.

Ungefähr 50–70 Kinder und Jugendliche werden in der Hampstead Clinic behandelt. Sie steht als Zentrum der Organisation unter medizinischer Leitung. Dort werden volle Analysen mit fünf Wochenstunden in Freudscher Weise durchgeführt. Patienten sind Kinder mit im Entstehen begriffenen Störungen, mit typischen kindlichen Neurosen und schwer gestörte Kinder, sowie solche, an denen besonderes Forschungsinteresse besteht.

Erwachsenenanalysen mit einem oder beiden Elternteilen werden dann vorgenommen, wenn die Behandlung der Kinder es erfordert.

Weiter bestehen eine Mütterberatungsstelle, ein Kindergarten und letztlich die Forschung. Viele Veröffentlichungen trugen zur Verbesserung der Methode bei. Anna Freud lag sehr an einer ständigen nüchternen und realistischen Überprüfung der Lehre ihres Vaters.

Zum Unterschied zwischen Erwachsenen- und Kinderanalyse schrieb sie:

«Der Entschluß zur Analyse geht nie von dem kleinen Patienten aus, sondern immer von den Eltern (die seine Bezugspersonen bleiben)... Das Kind wird nicht um sein Einverständnis gefragt.»

Somit gilt es als erstes, das Vertrauen des Kindes zu gewinnen, was Anna Freud im doppelten Wortsinn oft «spielend» gelang. Die Krankheitseinsicht ist beim Kinde nicht selbstverständlich. Anna Freud sprach es aus:

«Ich biete mich offen zum Bundesgenossen an und kritisiere gemeinsam mit dem Kinde seine Eltern. – Ich eröffne in einem anderen Fall einen heimlichen Kampf gegen die häusliche Umgebung und werbe mit allen Mitteln um die Liebe des Kindes. – Ich übertreibe die Bedenklichkeit des Symptoms, mache dem Patienten Angst, um meinen Zweck zu erreichen. – Und schließlich schleiche ich mich in das Vertrauen der Kinder ein und dränge mich Menschen auf, die der Überzeugung sind, ausgezeichnet ohne mich fertig werden zu können.»

Das mag überspitzt klingen, aber Anna Freud hat recht, sogar wenn es einmal schiefgeht, wenn sie Fehler eingesteht. Psychoanalyse vollzieht sich nirgends, ohne auch schmerzhaft zu sein. Zimperlich ist letzte Wahrheit nie zu ergründen. Ideale Analytiker, wie Anna Freud, verfügen über die Synthese von Güte und Strenge, Liebe und Autorität. Sie wissen, wann sie was einsetzen. Analyse ist eben Charaktersache, Disziplin – auch gegenüber sich selbst – bleibt erstes Gebot! Wenn «zärtliche Bindung», die «positive Übertragung», Vorbedingung aller analytischen Arbeit – von der Traumdeutung über die Tagträume bis zur Assoziation – ist, kommt hinzu: «Die Kinderanalyse braucht sogar noch ungleich mehr von dieser Bindung als die der Erwachsenen. Sie verfolgt neben der analytischen Absicht auch ein Stück Erziehungsabsicht ... es muß dem Analytiker gelingen, sich für die Dauer der Analyse an die Stelle des Ichideals beim Kinde zu setzen.»

Wie sehr wurde Anna Freud von ihren Analysanden vergöttert! Doch nie ließ sie sich etwa «Mutter» nennen, stets blieb sie Miss Freud und der analytischen Grundregel treu, der Wahrung von Distanz. Wenn aber eine sechsjährige Zwangsneurotikerin treuherzig bekannte: «Meine Stunde bei dir, Anna Freud, ist meine Ruhestunde, da brauche ich den Teufel nicht zurückzuhalten», ist das ein hohes Lob.

In *«Einführung in die Technik der Kinderanalyse»* schrieb sie:
«Das Kind hat eine doppelte Moral, eine, die für die Welt der Erwachsenen und eine andere, die für es selbst und seine Altersgenossen bestimmt ist ... Also auch Scham und Ekel, diese beiden wichtigsten Reaktionsbildungen, die dazu bestimmt sind, die analen und exhibitionistischen Strebungen des Kindes vom Durchbruch abzuhalten, sind noch nach ihrer Entstehung in ihrer Befestigung und Wirksamkeit von der Beziehung zum erwachsenen Objekt abhängig. Mit diesen Bemerkungen über die Abhängigkeit des kindlichen Über-Ichs und die doppelte Moral des Kindes in bezug auf Scham und Ekel sind wir jetzt bei dem wichtigsten Unterschied zwischen der Kinderanalyse und der des Erwachsenen angelangt. Die Kinderanalyse ist überhaupt keine private Angelegenheit mehr, die sich ausschließlich zwischen zwei Personen, dem Analytiker und seinem Patienten, abspielt. – Soweit das kindliche

Über-Ich noch nicht der unpersönlich gewordene Vertreter der von der Außenwelt übernommenen Anforderungen geworden ist, soweit es mit der Außenwelt selbst noch zusammenhängt, soweit spielen auch die dieser Außenwelt entnommenen Objekte in der Analyse selbst und insbesondere in ihrem letzten Stück, bei der Verwendung der aus der Verdrängung befreiten Triebregungen, eine wichtige Rolle.»

Wenn wir bedenken, daß wir in jeder Analyse auch dem Kind im Erwachsenen begegnen, so sollten wohl alle Analytiker etwas über Kinderanalyse wissen.

Der Hampstead-Index

Zu diesem so notwendigen Wissen gibt es eine beispielhafte Grundlage: Die Hampstead-Methode mit dem Hampstead-Index.

Darüber orientiert das Buch des verstorbenen John Bolland, des ehemaligen Chefarztes der Hampstead-Klinik, in Zusammenarbeit mit Joseph Sandler: *«Die Hampstead-Methode, dargestellt an einer Fallstudie: Die Psychoanalyse eines zweijährigen Kindes»* (Kindler, 1965). Thema dieser Fallstudie ist die Psychoanalyse des schwergestörten Arbeiterkindes Andy. Seine Behandlung erstreckte sich über 50 Wochen. Alle Einzelheiten sind minuziös dargestellt und schlagwortartig in einer Kartei enthalten. Das ist die von Dorothy Burlingham entwickelte Methode der Bearbeitung analytischen Materials.

Aus Anna Freuds Vorwort zu diesem Buch sei zitiert:

«Wir hoffen, mit dieser mühsamen Methode so etwas wie ein kollektives analytisches Gedächtnis zu schaffen, einen Speicher für analytisches Material, der dem einzelnen Forscher und Autor eine von vielen Kollegen zusammengetragene Faktenfülle zur Verfügung stellt. Dadurch soll der enge Bereich individueller Erfahrung erweitert und die Gelegenheit zu kenntnisreicher Forschung auf konstruktive Fallvergleiche, Schlußfolgerungen, Generalisierungen und nicht zuletzt Übertragungen therapeutischer Klinikarbeit in die Theorie ausgedehnt werden.»

Der Alltag im Alter

Anna Freuds Arbeitstag blieb unverändert und begann bis in ihr letztes Lebensjahr um acht Uhr morgens. Sie las Berichte, studierte Protokolle, nahm an Sitzungen teil, dachte über Finanzen nach, empfing Besucher aus aller Welt, diskutierte mit Kinderärzten, analysierte Kinder und Erwachsene, diktierte Briefe, schrieb Bücher, hielt Vorträge. Reisen kamen hinzu, in der letzten Zeit allerdings weniger als früher. Längst war sie auch zu einer Gestalt des amerikanischen Geisteslebens geworden. Immer wieder in die USA eingeladen, hatte sie dort Vorträge gehalten, Kongresse besucht und Ehrendoktorate entgegengenommen. Aber auch nach Österreich war die einst Vertriebene ohne Haß wiedergekommen. Am 26. Mai 1972 durfte sie in Wien die Ehrendoktorwürde der medizinischen Fakultät, der ihr Vater einst angehört hatte, entgegennehmen. Ihre Dankesworte waren bezeichnend: «Ich trete eine Erbschaft an, die, wie ich fühle, mit den Jahren immer schwerer wird.»

Wie ihr Vater war Anna Freud ohne Tätigkeit unvorstellbar.

Ihr Tod war nicht überraschend gekommen. Die langjährige Lebensgefährtin und Mitarbeiterin, Dorothy Burlingham, war ihr 1979 vorausgegangen. Dieser Verlust hat sie hart getroffen und noch einmal Trauerarbeit abverlangt. Paula Fichtl, Freuds Haushälterin, war noch da, und wieder ein junger Chow-Chow. Das Leben ging noch etwas weiter. Zuletzt hatten Krankheit und Schwäche auch die kraftvolle Natur Anna Freuds nicht mehr verschont, ihr Geist indessen blieb, wie der ihres Vaters, bis in die letzten Stunden hellwach.

Davon zeugt, unter anderem, das Buch *«Kinderanalyse – Gespräche mit Anna Freud»*, die Joseph Sandler, Hansi Kennedy und Robert L. Tyson – alle Mitarbeiter Anna Freuds an der Hampstead Klinik – mit ihr führten und für die Nachwelt aufzeichneten (S. Fischer, 1982). Klar und fesselnd, echt und praxisbezogen, wie in ihren eigenen Büchern, die zu Klassikern geworden, gab Anna Freud noch einmal ihre Ratschläge und Winke. Eine Lehrerin blieb sie zeitlebens. Die Laienanalytikerin von Rang und neunfache Ehrendoktorin verschiedener Fakultäten dozierte nie ins Leere. Kinder wie Mitarbeiter erzog sie vor allem zur Selbständigkeit. Gerade eigenständiges Durcharbeiten der Problematik gehört zu den Stärken der Psychoanalyse; Selbsterkenntnis galt es zu erlangen aus Träumen und Assoziationen. Undogmatisch zwar, war sie doch nicht antiautoritär.

Anna Freud ging es vielmehr um Ausgewogenheit und so viel Anpassung als notwendig für ein humanes Überleben. In der Übertragung, die Anna Freud so schön als «zärtliche Bindung» bezeichnete, sollte sich etwas tun: die Kinder sollten erwachsen und schöpferisch werden. Normale Reifung, das forderte sie schon.

Anna Freud, die Vaterstochter, war nicht Gralshüterin der Psychoanalyse, sondern entwickelte diese als Pionierin weiter, sie begründete die Kinderpsychoanalyse. Der weltweite Erfolg gab ihr recht, mit den Jahren sogar gegen Melanie Klein.

Am 9. Oktober 1982 kam, wenn auch nicht unerwartet, der Abschied von Anna Freud. Er löste bei vielen Trauer aus. Ihr letzter Brief, von der Sekretärin unterzeichnet, aber noch von ihr konzipiert, traf einen Tag später bei mir ein.

Eine Quelle steter Ermutigung war versiegt. Aber es bleibt die Erinnerung, es bleibt die Dankbarkeit. Und noch etwas: heute darf man es schreiben, vorher nicht, denn Anna Freud war, wie ihr Vater, im Tiefsten bescheiden und haßte Superlative. Beide, Sigmund und Anna Freud, hielten im Grunde wenig von Biographen und verlangten, daß die Psychoanalyse vordergründig dargestellt werde, das Werk also vor der Person. Doch wie in der Kunst sind bei bedeutenden Wissenschaftlern Werk und Person untrennbar miteinander verbunden. Nach ihrem Tode spreche ich es aus: Anna Freud war ein Genie. Wie ihr großer Vater wird sie in ihrem Werk unsterblich sein. Die Liebe zur psychologischen Wahrheit war ihr Leitmotiv.

CARL GUSTAV JUNG

Ein Wort zuvor

«Ich will keine Jungianer!» hat Carl Gustav Jung zu Laurens van der Post gesagt. Zeitlebens fühlte sich der große Psychologe teilweise unverstanden. Darüber ließ er sich auch von seiner Weltberühmtheit nicht täuschen. Sein Briefwechsel umspannt die Erdkugel und füllt mehrere Bände. Sein Werk wird auch von Laien aller Altersstufen gern gelesen. C. G. Jungs Analytische Psychologie erobert stetig neue Anhänger. Aus der Medizin hervorgegangen, stößt sie in die Philosophie, Religion und in Grenzbereiche der Naturwissenschaften vor.

Werdegang und Weltanschauung

Der am 26. Juli 1875 in Kesswil am Bodensee (Kt. Thurgau) geborene Pfarrerssohn Carl Gustav Jung hatte in Kleinhüningen seine Jugend verbracht und in Basel Medizin studiert. Schon seine Dissertation wies in eine interessante Richtung und trug den Titel *«Zur Psychologie und Pathologie sogenannter occulter Phänomene»*. Seine Cousine Helly Preiswerk hatte ihm als Medium Modell gestanden.

Jung wurde Arzt, weil Archäologie – die Endstation mancher Psychologen, auch Freud sammelte altägyptische Vasen – brotlos schien. Eine Karriere als Internist schlug er aus, sehr zum Befremden der Professoren und Studenten. Die Psychiatrie war damals, um die Jahrhundertwende, reine Diagnostik, die Kliniken waren Irrenanstalten, die Patienten, einmal als geisteskrank gezeichnet, waren für immer abgestempelt. Jung war mit Freud einer der wenigen, welche die Kranken ernst nahmen, mit ihnen sprachen, sie zu verstehen trachteten und ihnen tatsächlich halfen.

Im Jahre 1900 kam Jung nach Zürich. Am Burghölzli arbeitete er, zuerst als Assistent, dann als Oberarzt, unter Professor Eugen Bleuler. Das Assoziationsexperiment hatte Jung in der Fachwelt bekannt gemacht. Er wurde Dozent für Psychiatrie an der Universität Zürich, später lehrte er an der Eidgenössischen Technischen Hochschule (ETH) in Zürich und bekam einen Lehrstuhl an der Universität Basel.

Begegnung mit Freud

So war Jung bereits etabliert, als er Sigmund Freud kennenlernte. Jungs Zusammenarbeit mit Freud erstreckte sich über wenige, aber für beider Entwicklung wesentliche Jahre. Dann allerdings wurde der Konflikt unvermeidlich, denn Jung wollte nicht «Sohn» und «Kronprinz» sein, sondern seinen eigenen Weg gehen. Als sein Buch *«Wandlungen und Symbole der Libido»* 1913 erschien, war er von Freud abgewichen. Wie vor ihm schon Alfred Adler wurde nun auch Jung von aller Welt nach seinem Abfall von Freud der Undankbarkeit und Untreue bezichtigt. In seiner von Aniela Jaffé herausgegebenen Autobiographie *«Erinnerungen, Träume, Gedanken»* (Walter Verlag Olten) schilderte Jung, wie auch er unter diesem Bruch gelitten hatte.

C. G. Jungs komplexe Psychologie hat ihre Wurzeln in demselben universalen Denken, aus dem auch Goethe schuf. Nicht die Trieblehre, sondern die Religiosität wurde sein Hauptthema. Jungs Weltanschauung fußt nicht auf einer Konfession. Er

60

hatte seinen eigenen Vater, den protestantischen Pfarrer, am Glauben scheitern sehen. Jahrzehnte später schrieb Carl Gustav Jung seine «*Antwort auf Hiob*», seine Auseinandersetzung mit Gott.

Es war eine besondere Freude des alten Jung, daß die Nonnen eines Klosters dieses Buch mit großer Begeisterung lasen und es ihm schrieben.

Zur Lehre von Jung

Als eigentliche Lebensaufgabe betrachtete Jung das Erkennen des Selbst, den sogenannten Individuationsprozeß. Das Selbst ist mehr als das Ich, er umschrieb es so:

«Es drückt die Einheit und Ganzheit der Gesamtpersönlichkeit aus. Insofern aber letztere infolge ihres unbewußten Anteils nur zum Teil Bewußtsein sein kann, ist der Begriff des Selbst eigentlich zum Teil potentiell empirisch und daher im selben Maße ein Postulat.»

(Psychologische Typen)

Die große Entdeckung Jungs war das kollektive Unbewußte. In uns leben abstrakte Urbilder im platonischen Sinn, von denen Jung in «*Aion*» schrieb:

«Es ist daher von besonderer Wichtigkeit, daß man sich die Archetypen des Unbewußten nicht als flüchtig vorüberhuschende Phantasiebilder, sondern als konstante, autonome Faktoren vorstellt, was sie in Wirklichkeit auch sind.»

Der Schatten, unsere inferiore Persönlichkeit, gehört zu den Archetypen, ebenso Anima und Animus, die gegengeschlechtliche seelische Komponente in Mann und Frau.

Da meine eigene Anschauung auf der Annahme der Bisexualität, wie sie von Sigmund Freud als gegeben vorausgesetzt wird, beruht, ergänze ich die Differenzierung in der Seele des Menschen: Mann und Frau haben primär Anima und Animus, sekundär jedoch auch Animus und Anima in ihrer Psyche. Diese Annahme bestätigt Verena Kast in ihrem Buch «Paare – Beziehungsphantasien oder wie Götter sich in Menschen spiegeln» (Kreuz Verlag 1984): «Ich will nun die heilige Überzeugung, daß Frauen keine Anima, dafür einen Animus, daß Männer keinen Animus, dafür eine Anima ‹haben›, in Frage stellen . . . Es steht außer Frage, daß wir – seien wir nun Frau oder Mann – von weiblichen und männlichen Menschen angezogen werden und ihnen jeweils eine Bedeutung geben können, die nur noch als ‹numinos› (geheimnisvoll) zu bezeichnen ist. Wir verwickeln uns dann in Beziehungen, lassen uns verführen und verführen selber; projizieren auf andere und erleben, wie auf uns projiziert wird. Bilder für die Anima finden sich in Träumen von Männern und von Frauen, in Phantasien und Projektionen, die immer mit Faszination und Sehnsucht verbunden sind.»

Das bestätigt meine These der latenten Homosexualität des heterosexuellen Menschen sowie der latenten Heterosexualität des homosexuellen Menschen. Wir lieben immer zu viert, wie Freud einst an Fliess schrieb. Die Freudsche Bisexualität ist transzendiert, was die Jungsche Psychologie Anima-Animus nennt.

Zu diesem Thema schrieb mir die bedeutendste Jung-Schülerin, Marie-Louise von Franz, einmal ergänzend und erklärend:

«Soweit ich es verstehe, sind Animus und Anima bei homoerotischen Personen grundsätzlich nicht verschieden von anderen, aber manchmal besteht eine partielle Identifikation mit ihnen (was aber bei anderen auch vorkommt).»
(Brief an die Verfasserin vom 12. 7. 1975).

Zur Typologie C. G. Jungs

Was verstand Jung unter seiner Typologie? Zunächst unterscheidet er zwei Arten des Verhaltens in Bezug auf das Objekt und nennt sie Extraversion (Konzentration auf die äußeren Objekte) und Introversion (Konzentration des Interesses auf die inneren seelischen Vorgänge). Da der Mensch vielschichtig ist, leben Extra- und Introversion in uns, die eine Form jedoch mehr als die andere.

Die Extraversion orientiert sich am Objekt (Gegenstand) und die Introversion am subjektiven (wahrnehmbaren) Eindruck, der vom Objekt ausgeht. Im extravertierten Typ fließt die bewußte Energie zum Objekt, während gleichzeitig auf der Ebene des Unbewußten die Energie zum Subjekt (Person) zurückkehrt. Beim Introvertierten ist der Vorgang umgekehrt. Es ist, als ob er sich vor dem Objekt zurückzöge, weil dieses auf ihn einwirken will. Er ist sich jedoch der Tatsache bewußt, daß psychische Energie vom Objekt ausgeht, und daß er sich dazu in Beziehung setzen muß. Wenn wir bewußt extravertiert sind, haben wir eine unbewußte Introversion, und wenn wir bewußt introvertiert sind, haben wir eine unbewußte Extraversion.

Wesentlich ist, daß beide Typen der Seele des Individuums innewohnen, daß aber einer von ihnen von Geburt an prädominiert und den Charakter prägt.

Wie die Extraversion und die Introversion sind uns auch die Apprehensionsweisen (Auffassungsweisen, Funktionen) angeboren. Es gibt ihrer vier: Denken, Fühlen, Empfinden, Intuieren (Sinn wahrnehmen). Durch diese Funktionen paßt das Ich sich Material an, welches von außen und innen auf es zukommt. Jeder Mensch hat eine entsprechende Hauptfunktion, die klar von den anderen zu unterscheiden ist.

Von den drei übrigen sind zwei mehr oder weniger bewußt, unsere sogenannten Hilfsfunktionen; die letzte, untergeordnete Funktion, ist die uns unbewußte. In Tat und Wahrheit brauchen wir aber alle vier Funktionen zur Assimilation von äußerem und innerem Material.

Zwei Funktionen sind sogenannt rational. Im Denken wird die Welt auf dem Weg der Erkenntnis und logischen Schlußfolgerung wahrgenommen, im Gefühl auf Grund von Lust und Unlust, Annehmen und Ablehnen. Das Denken mißt die Dinge danach, ob sie wahr oder falsch, das Gefühl danach, ob sie angenehm oder unangenehm sind. Leider kann man nicht über beide Funktionen gleichzeitig verfügen, denn sie schließen sich gegenseitig aus. Entweder dominiert die eine oder die andere.

Empfindung und Intuition sind nach Jung irrational.

Die Empfindung nimmt die Dinge so wahr, wie sie nun einmal sind und beinhaltet somit das Gefühl für ihre eigentlicheWirklichkeit. Die Intuition nimmt auch wahr, aber nicht so sehr durch das Bewußtsein und die Sinne, sondern mit Hilfe des Unbewußten. Sie ist die Funktion, die zu einem Verständnis der Potentialität der Dinge führt.

Man kann also zum Beispiel auch ein denkender Intuitivtypus oder ein intuitiver Denktypus sein; ein empfindsamer Fühltypus oder ein fühlender Empfindungstypus.

(Diese Angaben verdankt die Verfasserin Herrn Diplom-Analytiker Ian Baker, insbesondere seinem Vortrag «Typologie und Schicksal», im Zyklus «Sinnerfahrung in einer bedrohten Welt» am C. G. Jung-Institut im Sommersemester 1979.)

Traum und Traumdeutung bei Jung

Für Jung sind Träume ein direkter Ausdruck des Unbewußten, eine «Stimme der Natur». Unsere Träume teilen uns das mit, was wir bewußt nicht zulassen möchten. Ein Friedfertiger mag aggressiv träumen, ein sexuell Gehemmter von Ausschweifungen.

Hinzu kommt nach Jung die Unterscheidung zwischen Träumen, die dem persönlichen Unbewußten entstammen und solchen, die aus dem kollektiven Unbewußten stammen und von den Archetypen sprechen. Da diese Träume schwer zu deuten sind, entwickelte Jung die sogenannte Amplifikationsmethode (vertiefende Betrachtung), er weitete die Symbolik aus und nahm als Grundlage Mythen, Märchen und Sagen. Jungs Traumsymbolik führt in die Alchemie des Mittelalters und zu den fernöstlichen Philosophien und Religionen.

Nach Jung kann ein Traum auf zwei Stufen gedeutet werden: auf der Objektstufe und auf der Subjektstufe. Bei der Objektstufendeutung bezieht er die Traumereignisse, wie Freud, auf die Wirklichkeit des Alltagslebens. Bei der Subjektstufen-

deutung werden Gestalten und Bilder als Repräsen-
tanten eigener Persönlichkeitsanteile des Träumers
begriffen. Träumt jemand beispielsweise von der
Mutter, kann objektstufig die eigene Mutter ge-
meint sein, aber auch subjektstufig der mütterliche
Aspekt in der träumenden Person selber.

Bilderdeutung

Wie bei Freud sind auch bei Jung die Träume der
wichtigste Zugang zum Unbewußten. Nun vergessen aber viele Menschen ihre Träume oder vermögen nicht, sie in der Analyse zu formulieren.

Da fand Jung noch einen anderen Weg: Er ließ
seine Analysanden malen, und es ergab sich, daß
ihre Produkte Bilder des Unbewußten waren und
über unbewußte, seelische Inhalte Gleich-Wesentli-
ches wie Träume aussagten.

Das C. G. Jung-Institut

Nach dem Zweiten Weltkrieg war die Nachfrage
nach Jungs Werk und Gedankengut so groß, daß
der vor Jahrzehnten (1916) von seinen Anhängern
gegründete Psychologische Club dem Ansturm
nicht mehr gewachsen war. Jung, inzwischen über
siebzig, war durch einen Herzinfarkt geschwächt.
Da begann sich die Idee von Jolande Jacobi, inzwischen von Toni Wolff und Professor Carl Alfred
Meier aufgegriffen, zu verwirklichen. Mit einem
Stiftungskapital des Psychologischen Clubs wurde
am 4. April 1948 in dessen Haus an der Gemeinde-
straße 27 in Zürich-Hottingen das C. G. Jung-Insti-

tut gegründet. Dort blieb es bis zum Umzug nach Küsnacht am Zürichsee im Mai 1979. Jetzt hat das Institut seinen Sitz in dem historischen Haus «Seehof», das der Gemeinde Küsnacht gehört, deren Ehrenbürger Jung war und wo er seinen Wohnsitz hatte.

Jung selber hatte die Ziele des Institutes klar umrissen: Ausbildung von Analytikern und Forschung. Dem ersten Curatorium, dessen Präsident Jung war, gehörten zwei Ärzte, Carl Alfred Meier und Kurt Binswanger, sowie Liliane Frey-Rohn und Jolande Jacobi an. Als Jung das Präsidium bald an C. A. Meier abgab, wurde seine Frau, Emma Jung-Rauschenbach, in das Curatorium gewählt.

1960, zwölf Jahre nach der Gründung und ein Jahr vor seinem Tod, am 6. Juni 1961, konnte Jung mit Zufriedenheit über das bisher Erreichte Rechenschaft ablegen. Die Entwicklung des Instituts verlief tatsächlich so, daß der Erfolg seinen Initianten recht gab. 1964 wurde die unabhängige, aber mit dem Institut zusammenarbeitende «Klinik am Zürichberg» ins Leben gerufen.

Das Studium am Jung-Institut

Die Studentenschaft setzt sich von jeher vorwiegend aus Engländern und Amerikanern zur einen Hälfte und aus Deutschsprechenden zur anderen zusammen, so daß in beiden Sprachen unterrichtet wird. Waren es 1948 dreizehn Studenten, schwoll die Zahl der Studierenden in den sechziger Jahren auf 150 an; heute sind es bereits mehr als 400 Immatrikulierte aus der ganzen Welt und aus den verschiedensten Berufen.

Die Auswahl erfolgt auf selektiver Basis. Die

Eignung zum Beruf des Analytikers ist das Hauptkriterium, akademischer Abschluß Voraussetzung. Die Fakultät spielt keine Rolle. Besonders viele Theologen beider christlicher Konfessionen fühlen sich zu Jung hingezogen. In Ausnahmefällen kann das Universitätsstudium mit der Ausbildung am Institut zusammenfallen. Ein ausgeprägtes Interesse für die Jungsche Psychologie muß vorhanden sein, menschliche Reife erworben werden.

Neben dem allgemeinen Programm bietet das Institut ein spezielles Ausbildungsprogramm für Kinder- und Jugendpsychologie. Für die Zulassung dazu genügen Examen an Lehrerseminaren, heilpädagogischen Ausbildungsstätten oder Schulen für soziale Arbeit. Ein Mindestalter von 26 Jahren sollte bei der Anmeldung am Jung-Institut erreicht sein. Von künftigen Kinder- und Jugendlichenpsychologen werden zwei Jahre Berufserfahrung mit gesunden Kindern verlangt.

Das Studium am Jung-Institut dauert mindestens sechs Semester. Es besteht die Möglichkeit, den Lehrgang als Ausbildungskandidat zu absolvieren. Nach dem Propädeutikum (Zwischenexamen) analysiert der Diplomkandidat eigene Fälle unter der Kontrolle eines erfahrenen Analytikers. Aber auch sogenannte Immatrikulierte Hörer dürfen an Kursen, Seminaren und Kolloquien teilnehmen. Öffentlich im Kursprogramm ausgeschriebene Kurse ohne beschränkte Teilnehmerzahl sind allen Interessierten zugänglich.

Die Studienkosten für Studenten liegen deshalb ziemlich hoch, weil 300 Analysestunden und die Lebenskosten zu den Semestergebühren hinzukommen. Dafür stehen ausgezeichnete Lehrkräfte und eine umfangreiche Bibliothek zur Verfügung.

Das Bildarchiv bietet die Möglichkeit zur Vertiefung in schöpferische Prozesse und Träume.

Wer die Ausbildung am C. G. Jung-Institut erfolgreich mit dem Diplom abschließt, besitzt eine hervorragende, weltweit anerkannte Legitimation auf dem Gebiet der Tiefenpsychologie. Für Ärzte, Theologen, Lehrer und andere ist die Weiterbildung am Jung-Institut auch dann eine Hilfe, wenn sie in ihren Berufen tätig bleiben. Wer immer in irgendeiner Form teilnimmt, darf sein Denken vertiefen, seine Erkenntnis erweitern und Einblick in die Seele des Menschen gewinnen.

Die Klinik am Zürichberg

Wie verwirklichen sich Jungs Ideen in der klinischen Praxis? Was gibt Jung, der Arzt, heute Patienten, die Heilung nach seinen Grundsätzen suchen?

Die von Dr. med. Heinrich Karl Fierz 1964 ins Leben gerufene und von ihm als Chefarzt bis 1983 geleitete Klinik und Forschungsstätte für Jungsche Psychologie beantwortet diese Fragen.

Die Klinik befindet sich in alten Villen im Zürcher Dolderquartier. Sie ist zentral und doch ruhig gelegen in einer der schönsten Gegenden auf Zürcher Stadtgebiet. Für Angehörige und Besucher ist sie leicht erreichbar.

Ein persönlicher Augenschein vermittelt folgende Eindrücke: Die Tür zur Klinik am Zürichberg öffnet sich zum Eintritt in eine friedliche, ruhige Welt. Kein Luxus, aber Geborgenheit erwartet den Hilfsbedürftigen. In solchen Räumen spielte sich früher das Familienleben des gehobenen Mittelstandes ab. Gerade der Umstand, daß die Häuser Altbauten sind, gereicht den Patienten zum Wohl. Nekrophile Bauten nannte Erich Fromm die Strukturen aus Aluminium und Glas, die heute große Mode sind.

Die verpönte und doch so geliebte Gemütlichkeit: hier gibt es sie noch. Menschen bewegen sich frei, begegnen sich zu ungezwungenem Gedankenaustausch. Kranke und Therapeuten nehmen die Mahlzeiten gemeinsam ein. Sie sind äußerlich kaum voneinander zu unterscheiden, es sei denn, man verstehe in den Augen zu lesen. Es herrscht nirgends hausfrauenpeinliche Ordnung, die einschüchtert und kalt wirkt, keine Spitalatmosphäre spiegelglatter Korridore, auf denen Gehbehinderte auszugleiten fürchten, mit genormten Zimmern und langweiligen, weißen Möbeln. Nein, nichts von all dem Erschreckenden, das neuzeitliche Krankenhäuser zu Fabriken degradiert, den Menschen zur Nummer herabmindert. Personal, Patienten und Ärzte leben in einer lockeren Gemeinschaft.

Auf der Terrasse döst zusammengerollt eine Katze. Das Ganze mutet wie eine idyllische Oase an, und das heute, in einer Zeit, welche die Menschen in der Hektik hart und lieblos, im Streß aggressiv und rücksichtslos werden läßt. Vor allem in Großstädten, wo wir Opfer von Autoabgasen, Lärm und Fehlplanung sind. Das ist so unendlich wichtig: daß bereits in der Atmosphäre der Klinik der erste Anstoß zur Gesundung liegt.

Die ursprüngliche Klinik konnte erweitert werden. Im ersten Stock des Hauptgebäudes befindet sich die geschlossene Abteilung. Wer es nicht weiß, würde es kaum bemerken, keine vergitterten Fenster deuten darauf hin. Auch die halboffene Abteilung ist im Hauptgebäude untergebracht, während das Nebenhaus die offene Abteilung beherbergt.

Dort haben die Patienten freien Ausgang, sogar

abends. Einige wenige Einerzimmer stehen zur Verfügung, doch der begleitende Arzt erklärt: «Wohnen zwei Personen zusammen in einem Raum, dominiert bald eine über die andere, sind es jedoch drei, kommt eher jede zu ihrem Recht.» Deshalb die vielen Dreierzimmer. Alle Insassen dürfen ihren Platz nach eigenem Geschmack gestalten, Bilder aufhängen, kleine Plastiken aufstellen, oft sind es selbstverfertigte.

Die Klinik verfügt über 35 Betten, die eigentlich Couches sind und tagsüber Schlafzimmer in Wohnräume verwandeln. Jeder Patient hat seinen Psychotherapeuten während des ganzen Aufenthaltes zur Seite. Der Chefarzt kennt alle. Übersicht bleibt bei dieser Größenordnung gewahrt.

Die Patientenzahl blieb bis heute konstant, mit jährlich ungefähr 60 Aufnahmen, davon etwas mehr Frauen als Männer, auffallend viele aus akademischen Berufen.

Seit Eröffnung der Klinik wird die Behandlung, die grundsätzlich im Rahmen einer spezialärztlichen Psychiatrie erfolgt, ergänzt durch individuelle Psychotherapie, durch Ergotherapie, Bewegungs- und Atemtherapie. Dazu kommen Psychodrama und Gruppengespräche.

Die Klinik am Zürichberg war von Beginn an so organisiert, daß sie als klinische Ausbildungsstätte zum Spezialarzt für Psychiatrie FMH anerkannt wurde. Seit Eröffnung des ambulanten Dienstes, 1972, werden dort jährlich 7000 Konsultationen erteilt. Immer wieder bewährt sich die Jungsche Psychologie in verschiedenster Weise im modernen Alltag.

Barbara Hannah über C. G. Jung

Im Jahre 1976 waren Barbara Hannahs «*Biographische Aufzeichnungen, C. G. Jung – Sein Leben und Werk*» bei Putnam in englischer Sprache erschienen. Seit 1982 liegt dieses Werk in der Übersetzung von Lukas Schwarz deutsch vor. Es ist meines Erachtens die persönlichste und vollständigste Jung-Biographie, wenn man von seiner Autobiographie absieht, die sein inneres Bild vermittelt.

Am 14. Januar 1929 hatte die englische Bischofstochter und Kunstmalerin Barbara Hannah, die heute über 90jährig in Küsnacht und Bollingen am Zürichsee als Analytikerin lebt, ihr erstes Gespräch mit Carl Gustav Jung geführt, an das sie sich erinnert, als wär's gestern gewesen. Sie schildert ihren Lehrer und Meister so, daß der große Psychologe lebendig vor uns ersteht:

«Er stand im vierundfünfzigsten Lebensjahr, und abgesehen von seinem grauen, fast weißen Haar, sah er jung und äußerst kräftig aus. Es ist schwierig, ihn mit Worten zu beschreiben; denn sein Äußeres veränderte sich dauernd. Er konnte sehr ernst aussehen, dann auf einmal ergötzte ihn irgend etwas, und die Sonne trat sozusagen hinter den Wolken hervor. Was Jungs Gesicht überflog, glich einer Landschaft an gewissen Tagen, wo wechselndes Licht und Wetter sie dauernd verändern. Er war groß gewachsen, etwa 185 cm, und breit gebaut, aber nicht dick. Seine Augen waren dunkelbraun; er trug immer eine goldgeränderte Brille. Er hatte die Angewohnheit, Leute über den Rand seiner Brille hinweg anzusehen, und dann konnte man bemerken, daß seine Augen eigentlich nicht groß waren; sie waren eher klein, daher aber außerordentlich ausdrucksvoll. Mit einem fast unmerklichen Blick konnte er mehr sagen, als irgend jemand, den ich je sah. Jedenfalls drückten seine Augen fast soviel aus wie das, was er sprach, wenn er einem in der Analyse über den Rand seiner Brille hinweg ansah. Seine Stirne war hoch und Nase und Kinn sehr markant. Er trug einen kleinen Schnurrbart und war stets glatt rasiert. Der Mund war fast so ausdrucksvoll wie seine Augen. Als er mich vom Wartezimmer abholte, hielt er die Pfeife in der Hand, und neben ihm stand sein großer grauer Schnauzer, der es offensichtlich gewohnt war, sich auf die Leute, die seinen Meister besuchten, seinen eigenen Vers zu machen.»

Jung prägte Barbara Hannah, sie wurde seine Analysandin, seine Schülerin und mehr noch, eine seiner authentischen Interpretinnen. Zuerst besuchte sie seine englischen Seminare im Psychologischen Club, dann gelangte sie in den engeren Kreis, stand seiner Frau, Emma Jung-Rauschenbach, sowie seiner Freundin, Toni (Antonia) Wolff, freundschaftlich nahe. Daß die Engländerin Barbara Hannah Jung auf seiner Deutschlandreise vor dem Zweiten Weltkrieg begleiten durfte, gab ihr just die wichtigsten Argumente, den unausrottbaren Gerüchten von Jungs «Nazi-Sympathien» wirkungsvoll entgegenzutreten.

In ihrem Buch begleitet Barbara Hannah Jungs Leben voller Sympathie und Verständnis in Ergänzung zu seiner Autobiographie *«Erinnerungen, Träume, Gedanken»* (A. Jaffé, Walter). Sie vertieft nicht nur sein Lebensbild, sondern gewährt Einblick in die Analytische Psychologie, die auch eine komplexe ist, mit der Lehre von den Archetypen des kollektiven Unbewußten und dem Weg der Individuation. Da Barbara Hannah erst in den Dreißiger Jahren, also lange nach Jungs Bruch mit Freud, zu ihm

kam, sieht sie Freud vielleicht nicht in seiner ganzen
Größe des eigentlichen Entdeckers der Psychoana-
lyse, so wie sie wenig hervorhebt, wie weit schon
Goethe in «Faust II» in die Alchemie führte. Meiner
Meinung nach ergibt Goethe plus Freud Jung, et-
was überspitzt gesprochen. Natürlich ist jeder ein-
zeln zu erarbeiten. Eros bei Goethe, Sexualität bei
Freud und Religiosität als sublimierter Eros bei
Jung stoßen in dieselben Tiefen vor. Sie tun das auf
verschiedenen Wegen.

Barbara Hannah versucht stets, fair und gerecht
zu urteilen. Wie viel Jung Freud verdankt, geht aus
seiner Autobiographie deutlicher hervor.

Am nächsten bringt uns Barbara Hannah den alten Jung, der nach dem Tode seiner Frau (1955) viel
Zeit mit ihr und Marie-Louise von Franz verbrachte. Immer wieder durfte Barbara Hannah ihn in ihrem Auto ausführen. Gerade in solchen freien Stunden ergab sich manch gutes Fachgespräch über
Träume, Mythen und Märchen.

Barbara Hannah nahm teil an Jungs 80. Geburtstag (1955) und an seinem 85. Geburtstag (1960), als
er Ehrenbürger von Küsnacht wurde. Sie war auch
dabei, als der Film «Face to Face» von der BBC
(British Broadcasting Company) gedreht wurde,
den das C. G. Jung-Institut alljährlich zur Wieder-
kehr von Jungs Todestag, dem 6. Juni 1961, zeigt.
Vernehmen wir dazu noch einmal, wie seine Bio-
graphin ihn sah:

«Obwohl John Freeman und alle anderen Beteilig-
ten so rücksichtsvoll als möglich waren, so war es
für den vierundachtzigjährigen Jung doch eine
schwere, sehr ermüdende Arbeit. Die Filmaufnah-
men selber dauerten den ganzen Morgen und waren
erst um zwei Uhr nachmittags fertig. Er überstand
aber alles erstaunlich gut und zeigte im Fernsehen

keine Anzeichen von Anstrengung. Als ich ihn zuvor gefragt hatte, ob ihm nicht alles zuviel würde, meinte er, er habe das Gefühl, es müsse getan sein; nach seinem Tod werde es so viele sich widersprechende Berichte über ihn geben, daß man den Leuten die Möglichkeit bieten solle, sich ihn anzusehen, um selber urteilen zu können. In der Tat ist der ganze Film genauso, wie Jung immer war: natürlich, einfach und spontan.»

Auf der letzten Seite ihrer Jung-Biographie spricht Barbara Hannah ihr eigenes Bekenntnis aus: «Und so fühle ich noch immer diesem Leben gegenüber, das so vollständig gelebt wurde und das wir kennen durften: Tiefe und grenzenlose Dankbarkeit.»

Wer C. G. Jung liebt, wird diese Biographie von Barbara Hannah mit Genuß lesen.

Barbara Hannah: C. G. Jung – Sein Leben und Werk. Verlag Bonz 1982

Aniela Jaffé über C. G. Jung

Die heute über achtzigjährige Autorin Aniela Jaffé gehörte zu Jungs engsten Mitarbeitern. Sie war es seinerzeit, die sein populärstes Buch und die beste Einführung in sein Werk: «*Erinnerungen, Träume, Gedanken*» (Walter, Olten) herausbrachte, eine Autobiographie, die selbst die besten Jung-Biographien an Aussagekraft übertrifft.

1979 veröffentlichte der Werner Classen Verlag in Zürich vier Aufsätze Aniela Jaffés in einem Buch. Die ersten drei erschienen vordem in den Eranos-Jahrbüchern bei E. Brill in Leiden, der letzte 1968 bei Rascher in dem heute vergriffenen Buch «*Aus Leben und Werkstatt C. G. Jungs*». Ergänzungen kamen hinzu.

«*Die schöpferischen Phasen im Leben von C. G. Jung*» führen in die Tiefe seines Denkens. Sie gehen vom Grundmotiv seines Werkes, dem Menschen zwischen den Gegensätzen, aus. Das erste Traumerlebnis des Knaben, des einsamen Sohnes einer zum Okkulten neigenden Mutter und eines nicht mehr vom Glauben überzeugten reformierten Pfarrers, brachte bereits die «Gnade innerer Schau» und zugleich die «Mühe in die Wirklichkeit dieser Welt». Wir folgen Aniela Jaffé auf Jungs Weg als Arzt und Forscher, erleben die Freundschaft zweier Genies in der Begegnung mit Sigmund Freud, die zerbrechen mußte, wie Aniela Jaffé richtig deutet, weil «Freud wie Jung vom schöpferischen Dämon Ergriffene waren, die ihrem eigenen Gesetz zu folgen hatten».

Nach der Trennung von Freud begann für Jung eine «Zeit innerer Unsicherheit, ja Desorientiertheit», wie er selber schrieb. Doch dann gelang ihm der Durchbruch in die Tiefe, der Vorstoß ins kollektive Unbewußte, die «Wiederfindung der Seele».

Der zweite Essay «*Synchronizität und Kausalität in der Parapsychologie*» zeigt, daß «die außersinnlichen Wahrnehmungen Manifestationen des Unbewußten sind». Mit dem Physiker Wolfgang Pauli schuf Jung den Synchronizitätsbegriff, das gleichzeitige Zusammenfallen zweier unabhängiger Ereignisse in kausalem Geschehen. Pauli charakterisierte die Parapsychologie als ein «Grenzgebiet von Physik und Psychologie».

Die «*Individuation der Menschheit*» zeigt uns Jungs Auseinandersetzung mit Gott, ganz unkonfessionell, aber so, wie letztlich der Mensch den undefinierbaren Gott, trotz aller Dogmen, in sich selbst findet. Der Kenner greift erneut zu Jungs Buch *«Antwort auf Hiob»*. Der Individuationsprozeß des einzelnen mit der Suche nach seinem innersten, unbewußten Selbst, mündet in das kollektive Streben der Menschheit. Der Archetypus Gottes oder der Archetypus des Selbst ist die erfahrbare, dennoch letztlich unerklärliche Ganzheit.

Aniela Jaffé erklärt das so: «Über den Ursprung der autonomen (eigengesetzlichen) und irrationalen (verstandesmäßig nicht faßbaren) Wirkungen, denen der Mensch und das Leben ausgesetzt sind, läßt sich im Grunde genommen nur das Eine feststellen, daß sie einer nicht faßbaren Sphäre entstammen. Der Psychologe nennt sie «das Unbewußte», der religiöse Mensch nennt sie «Gott». Jung selbst sagte: «Der Mensch ist der Spiegel, den Gott sich vorhält, oder das Sinnesorgan, mit dem Er Sein Sein erfaßt.»

Sodann tritt die aus Deutschland emigrierte Jüdin Aniela Jaffé wirkungsvoll der Legende von *«C. G. Jung und der Nationalsozialismus»* entgegen. Anläßlich von Jungs 100. Geburtstag 1975 wurde die alte Geschichte erneut aufgebracht. Was war wirklich geschehen? C. G. Jung war weder Nazi noch Antisemit, sein ganzes Werk spricht dagegen. Die Nachfolge Ernst Kretschmers als Präsident der «Allgemeinen Ärztlichen Gesellschaft für Psychotherapie» hatte Jung vor allem geschadet, obschon er gerade von dieser Stelle aus vielen jüdischen Psychoanalytikern hatte helfen können, indem er die Gesellschaft internationalisierte. Der Schweizer C. G. Jung war nie, wie ihm verschiedentlich nachgesagt wurde, Präsident einer gleichgeschalteten deutschen ärztlichen Gesellschaft. Die «Deutsche Gesellschaft für Psychotherapie» in Berlin wurde von Professor Göring, dem Vetter des Reichsmarschalls, geleitet.

Als der Zürcher Psychiater Gustav Bally 1934 Jung vehement in der Neuen Zürcher Zeitung angriff, hatte er das Recht zu erwidern:

«Man wird im Kriegsfall den Arzt, der seine Hilfe den Verwundeten der gegnerischen Seite angedeihen läßt, doch auch nicht als Landesverräter auffassen.»

Doch die Gerüchte hielten sich, weil Jung Angriffsflächen bot. Es bleibt indessen die von Aniela Jaffé übermittelte Tatsache:

«Nach Bekanntwerden der furchtbaren Hintergründe des nationalsozialistischen Regimes revidierte Jung seine hoffnungsvoll–abwartende Haltung und sparte nicht an schonungsloser öffentlicher Kritik.»

1940 wurde der Verkauf seiner Schriften in Deutschland untersagt.

Indem Aniela Jaffé Wahrheiten offen ausspricht, erleidet Jungs menschliche Größe keinerlei Abbruch, ganz im Gegenteil steht sein Licht weit über seinem Schatten. Und es war schon richtig, daß Jung an Winston Churchills Seite saß, als der ehemalige englische Premierminister im September 1946 offiziell die Schweiz besuchte. Beide haben sich für den Menschen und seine Freiheit in unserer Zeit eingesetzt, und beider Unsterblichkeit steht über allen Mißverständnissen.

Aniela Jaffé: Aus C. G. Jungs Welt – Gedanken und Politik. Werner Classen Verlag, Zürich 1979.

ERICH FROMM

Der Prophet

Erich Fromm liebte die Propheten des Alten Testaments. Er war selber ein Prophet:
«Die Vision, die uns bestimmen soll, ist ein neuer Mensch, der frei ist in einem sinnvollen Gefüge menschlicher Realität, ein Mensch, der lieben kann, ohne sich zu unterwerfen und ohne zu herrschen». (Gerhard P. Knapp: Erich Fromm, Colloquium 1981).

Erich Fromm schlug die Brücke von der Psychoanalyse zur Soziologie. Er unternahm den Versuch, humanistische Ideale zu verwirklichen. Unweigerliche Folge: er wurde oft mißverstanden. Noch nie war der größere Teil der Menschheit willens, der Vernunft den Vorrang vor dem Egoismus zu geben. Der Lebensweg Erich Fromms zeigt, wie schwer es ein konsequenter Humanist hat, aber auch wie kraftvoll und kompromißlos er in seinem Denken war.

Die Anfänge

Der am 23. März 1900 in Frankfurt am Main geborene Erich Pinchas Fromm war das neurotische einzige Kind eines ängstlichen Vaters, eines Weinhändlers, und einer depressiven Mutter. Doch da war als gesundes Gegengewicht die Wurzel im orthodoxen Judentum. Die Vorfahren beider Eltern waren Rabbiner. Früh schon fragte der kleine Erich Fromm seinen Onkel, den Talmudisten Dajan Ludwig Krause, was er wohl einmal werde. Wie ein Rabbiner antwortete Krause: «Ein alter Jude!»

Erich Fromms Urgroßvater, der Würzburger-Raw, lebte von den Einkünften eines kleinen Ladens. Als ihm jemand vorschlug, auf die Reise zu gehen, um besser zu verdienen, entrüstete er sich, ob er drei Tage Talmud-Studium im Monat dadurch verlieren solle, – und reiste nicht. Erich Fromm empfand es als beschämend, daß Menschen ihr Leben für den Gelderwerb lebten.

Es kam eine Erschütterung hinzu. Erich Fromm kannte eine 25jährige schöne Kunstmalerin, die mit ihrem verwitweten Vater zusammenlebte. Als der Vater starb, nahm sich die Tochter das Leben. Erich Fromm fragte sich: «Wie ist so etwas möglich?» Dieselbe Frage wiederholte er 1914 beim Ausbruch des Ersten Weltkrieges.

Erich Fromm studierte den Talmud, zuerst bei dem berühmten Rabbiner Dr. Nehemia Anton Nobel. Sein Tod war ein herber Verlust. Fromm fand einen würdigen Ersatz in dem Rabbiner Dr. Salman Baruch Rabinkow, der ihm den Weg zu Goethe öffnete. Von ihm sagte Fromm: «Seine Autorität gründete in seinem Wissen, seiner Interessiertheit, seiner Echtheit, niemals jedoch darin, daß er etwas aus sich machte.» Das läßt sich auch auf Erich Fromm übertragen!

Die weltliche Karriere

Nicht nur hebräisch, auch Latein hatte Erich Fromm inzwischen erlernt. Nie bereiteten Sprachen ihm Mühe. Gleich flüssig wird er druckreif deutsch, englisch und spanisch schreiben und dozieren. Französisch kann er ebenfalls. 1918 besteht er das Abitur. Vermutlich aus wirtschaftlichen Gründen läßt sich sein Traum, Talmud-Lehrer zu werden, nicht verwirklichen.

Fromm studiert zuerst Rechtswissenschaften.

Bald jedoch zieht er nach Heidelberg und wechselt zu Soziologie, Psychologie und Philosophie. Alfred Weber wird sein Doktor-Vater, Karl Jaspers einer seiner Professoren. Das Thema von Fromms Dissertation ist bezeichnend: «*Das jüdische Gesetz*».

Frieda Fromm-Reichmann

Da tritt eine Wende ein: 1924 lernt Erich Fromm Frieda Reichmann kennen und durch sie, welche zwei Jahre darauf seine erste Frau wird, die Psychoanalyse. Als Frieda ein Sanatorium eröffnet, wo Psychoanalyse betrieben und die jüdischen Gesetze eingehalten werden, und es Therapeutikum nennt, wird bald gewitzelt, es sei eher ein «Thorapeutikum».

Erich wie Frieda Fromm geben mit der Zeit die religiösen Bräuche auf. Sie vertragen sich doch nicht gut mit der Psychoanalyse. Erich Fromm beginnt sich für den Buddhismus zu interessieren, die Religion der Vernunft. Frieda wird seine erste Analytikerin. Weitere Lehranalysen macht Fromm bei Wilhelm Wittenberg, Karl Landauer und Hanns Sachs.

Sigmund Freud, dem Begründer der Psychoanalyse, begegnet Erich Fromm leider nie. Er wäre glimpflicher mit ihm umgegangen, als er es auf Grund der Schriften getan hat. Auch er hätte sich schwerlich der Persönlichkeit und dem Charme Freuds entziehen können. Aber Erich Fromm wird einer der Mitbegründer des Süddeutschen Institutes für Psychoanalyse in Frankfurt, einem Vorläufer des späteren Sigmund-Freud-Institutes.

Praxix

Fromm geht nach Berlin und eröffnet eine eigene psychoanalytische Praxis. Bis in seine späten Jahre wird er nebst seiner Lehrtätigkeit immer praktizieren. Auch er schließt vom einzelnen auf die Gesellschaft.

1930 wird Fromm an das Institut für Sozialforschung in Frankfurt berufen, wo er mit Max Horkheimer, Leo Löwenthal und Herbert Marcuse zusammenarbeitet. Bald muß dieses Institut zuerst nach Genf, dann nach New York umziehen. Die Machtergreifung Hitlers verjagt ab 1933 viele große Geister aus Deutschland. Nie wird Erich Fromm Deutschland die Judenverfolgung verzeihen. Für den Staat Israel hat er wenig übrig.

Emigration

Bereits nach vierjähriger Ehe trennt Erich Fromm sich in Freundschaft von Frieda Fromm-Reichmann. Scheiden läßt er sich erst 1940 in den USA.

An sich fällt ihm die Emigration nicht so schwer. Gastvorlesungen hielt Erich Fromm bereits Anfang der dreißiger Jahre in Chicago und New York. Dort gerät er in regen Kontakt zu den Neo-Freudianern Karen Horney und Henry Stack Sullivan. Fromm kritisiert Freud zwar immer schärfer, Neo-Freudianer bleibt er jedoch nicht. Es beginnt so etwas wie ein Wiederholungszwang. So fruchtbar sich die Zusammenarbeit von Erich Fromm mit neuen Instituten jeweils anbahnt, meist endet sie in Streit und Verbitterung.

Als Horkheimer in Amerika auch Theodor W. Adorno an das Institut für Sozialforschung beruft,

kündigt Fromm seinen Vertrag auf Lebenszeit.
Auch die Verbindung mit Karen Horney und Henry Stack Sullivan zerschlägt sich nach fruchtbaren Jahren der Zusammenarbeit und Freundschaft. Mit immer neuem Mut gründet Erich Fromm, wo immer er sich aufhält, psychoanalytische Institute. Keines trägt seinen Namen. 1943 entsteht in New York das spätere William Alanson White Institut.

Henny Gurland

Am 24. Juli 1944 heiratet Erich Fromm wieder. Seine zweite Frau, Henny Gurland, bringt einen Sohn, Joseph, aus erster Ehe mit. Fromm wird ihm ein gütiger Stiefvater. Eigene Kinder hat er keine. Hennys Gesundheit ist von ihrer abenteuerlichen Flucht vor den Nazis angeschlagen. Sie erholt sich nie mehr ganz. Nicht zuletzt ihretwegen veranlaßt das mildere Klima Fromm, nach Mexico zu übersiedeln. Dort wirkt er als Professor an der medizinischen Fakultät der Nationalen Autonomen Universität bis zu seiner Emeritierung 1965.

Wieder wird er ein psychoanalytisches Institut und eine psychoanalytische Gesellschaft ins Leben rufen. Als Henny Fromm 1952 stirbt, ist das für Erich Fromm ein solcher Schock, daß er später nie mehr davon spricht. Trauer überschattet fortan sein Leben, Resignation wird dazukommen. Immer bleibt auch ein wenig Hoffnung.

Annis Grover Freeman

Glücklicherweise muß Erich Fromm nicht lange allein bleiben. Noch einmal findet er in Annis Grover

Freeman, einer sehr schönen Frau, eine Gefährtin, die er am 18. Dezember 1953 heiratet. Sie wird ihn überleben. Seine beiden glücklichen Ehen und die anhaltende Freundschaft mit seiner ersten Frau mögen dazu beigetragen haben, daß ihm *«Die Kunst des Liebens»* im Leben wie im Buch so gut gelang. Letzteres wurde ein weltweiter Bestseller, mit dem sein Ruhm in einem breiten Publikum von Lesern recht eigentlich begann.

Als Erich Fromm, spät in seinem Leben, den Schritt in die aktive Politik wagt, um Eugene McCarthy Wahlkampfhilfe für die amerikanische Präsidentschaft zu leisten, bezahlt er dieses Abenteuer mit einem Herzinfarkt. Nixon gewinnt die Wahl, Fromm und andere resignieren. Ab 1969 verbringt Erich Fromm mit seiner Frau die Sommer in Locarno in der Schweiz. 1974 zieht er ganz nach Muralto bei Locarno, wo er Ehrenbürger wird.

Seine Mission

Es gehörte zu Erich Fromms Mission, Freud zu kritisieren und seine Lehre zu erweitern. Fromm war es auch, der uns den menschlichen Karl Marx in seinen Büchern nahebrachte, nicht den von politischen Systemen verkannten, sondern den Humanisten.

Erich Fromm war für die Abrüstung, weltweit, aber er erkannte auch die Gefahr eines expandierenden Kommunismus, ebenso wie diejenige eines verhängnisvoll fortschrittsgläubigen Kapitalismus. Rainer Funk sieht richtig, wenn er schreibt: «Fromm hat für sich realisieren können, was humanistische Grundlage ist: das Fremde und andere als etwas Eigenes zu entdecken.» (Funk, rororo 1983).

Nach Selbstwerdung, bis hin zur Transzendenz des Meditierens eines Zen-Buddhisten, strebte Erich Fromm.

Das entspricht dem Individuationsprozeß C. G. Jungs. Neu brachte Fromm den Weg in die Soziologie, die Ausweitung des einzelnen in der Gesellschaft. In *«Psychologie und Religion»* schrieb er dazu:

«Psychologie kann nicht von Philosophie und Ethik getrennt werden, ebensowenig von Soziologie und Wirtschaftswissenschaft.»

So stand Fromm Spinoza nahe, aber auch dem Christentum.

Anatomie der menschlichen Destruktivität

In seinem Hauptwerk, *«Anatomie der menschlichen Destruktivität»* (dva 1973) zeigte Fromm, daß Destruktivität verhindertes Schöpferischsein ist:

«Der Mensch unterscheidet sich jedoch vom Tier dadurch, daß er ein Mörder ist. Er ist der einzige Primat, der seine Artgenossen ohne biologischen oder ökonomischen Grund tötet und quält und der dabei Befriedigung empfindet.»

Aggression und Kreativität entspringen denselben Quellen. Es ist die Tragik des modernen Menschen, vielfach entfremdete Arbeit leisten zu müssen und seine Talente nicht ausleben zu dürfen.

In *«Ihr werdet sein wie Gott»* erleben wir Fromms Kampf um einen Glauben ohne Gott, jenen Nicht-Theismus, der den Menschen auf sich selbst zurückwirft. Er führt in die Freiheit zur Verantwortung. Wie Gerhard P. Knapp festhielt: «Im Gegensatz zu Marx und Freud, die beide von

verschiedenen Blickpunkten aus das Religiöse ablehnten, differenziert Fromm zwischen ‹irrationalem› und ‹rationalem› Glauben.»
(Knapp: Fromm, Colloquium 1982).
Und wieder gelangt Fromm in die unmittelbare Nähe C. G. Jungs.

Die Werke

Schon die Titel von Erich Fromms Büchern reden eine beherzte Sprache; selbst unzulänglich übersetzt, büßen sie nichts von ihrer unmittelbaren Kraft ein, u. a.: «*Märchen, Mythen und Träume*» (1951), «*Sigmund Freuds Sendung*» (1959), «*Das Menschenbild bei Marx*» (1961), «*Das Menschliche in uns*» (1964), «*Die Herausforderung Gottes an die Menschen*» (1966) und schließlich «*Sigmund Freuds Psychoanalyse – Größe und Grenzen*» (1979). Dieser Entwicklungsreihe steht eine praktisch und politisch orientierte Schriftenfolge gegenüber, die unter anderem «*Der moderne Mensch und seine Zukunft*» (1955) und «*Es geht um den Menschen!*» (1961) einschließt. An entscheidenden Schnittpunkten stehen endlich die Arbeiten, die eine dialektische Synthese beider Positionen anstreben: «*Die Kunst des Liebens*» (1956), «*Jenseits der Illusionen*» (1962), «*Die Revolution der Hoffnung*» (1968) und «*Haben oder Sein*» (1976). Sie bilden eine dritte und letzte Folge des Gesamtwerkes. Die Zwischensumme und vielleicht die Krönung des unvollendet gebliebenen Oeuvres liefert Fromms Magnum Opus: «*Die Anatomie der menschlichen Destruktivität*» aus dem Jahre 1973.

Ehrungen

Außer den Berufungen an Lehrstühle kamen die Ehrungen zu spät. 1980 brachte die Deutsche Verlagsanstalt die deutschsprachige Gesamtausgabe. Den Nelly-Sachs-Preis der Stadt Dortmund konnte Erich Fromm krankheitshalber nicht mehr entgegennehmen. Die Frankfurter Goethe-Plakette erhielt er posthum, womit sich der Kreis seines dramatischen Lebens schloß.

Zu Erich Fromms Buch «Haben oder Sein»

Das Buch «Haben oder Sein» muß man von der ersten bis zur letzten Seite selber lesen. Keine Rezension würde ihm gerecht, keine Zusammenfassung könnte die Gedanken des Psychologen und Soziologen Erich Fromm so gut in Worte fassen wie er selbst. Es ist die erbarmungsloseste Gesellschaftskritik seit Karl Marx und der tiefste Einblick in die menschliche Seele seit Freud und C. G. Jung. Fromm erkennt nicht nur, daß der Kapitalismus, vor allem so, wie er heute gehandhabt wird, falsch ist, sondern er weiß auch, daß der Kommunismus bloß dessen Schattenseite und die noch schlechtere Lösung ist. Beide Systeme sind auf Materialismus beruhende Ideologien, auf Grund derer wir rücksichtslos die Schätze der Erde ausgebeutet und gedankenlos die Natur zerstört haben.

Schon in seinem früheren Werk «*Anatomie der menschlichen Destruktivität*» hatte Fromm zwischen zwei Menschentypen von der Charakterstruktur her unterschieden, dem Biophilen, Lebensbejahenden, Lebendiges – Tiere und Pflanzen – Liebenden, und dem Nekrophilen, der tote, mechanische Dinge – Maschinen und Autos – mehr schätzt. In seinem neueren Buch «Haben oder Sein» geht Fromm einen Schritt weiter und bezeichnet den nekrophilen Menschen als denjenigen, der im Haben-Modus lebt – Besitz ist ihm alles – zum Unterschied vom Seins-Menschen, der ist wer er ist und dem biophilen Typus entspricht.

Nun machte Fromm aber eine sehr bedeutsame Feststellung: Die Gesellschaft ist kränker als der einzelne. Der Haben-Modus ist, leider, die Norm! Seit der Industrialisierung setzte er sich vollständig durch. Deshalb ist jemand «eine Million wert», darum die Zwänge zur Sachlichkeit und Unpersönlichkeit, deshalb fehlt die Menschlichkeit überall. Mancher glaubt, in Entwertung des Wortes «Liebe zu haben», zu besitzen, während lieben doch Tätigkeitswort bleibt, weil lieben eine tätige Empfindung, ein Tun ist.

Der permanente Haben-Modus erklärt, weshalb Horten an der Tagesordnung, Gier allgemein üblich und anerkannt und warum der sogenannte «grüne Zweig», auf den wir es bringen sollten, das Lebensziel schlechthin ist. Daher eine Gesellschaft von unglücklichen, geizigen Neurotikern, die nach ihrem Status (Luxuslimousine, Villa, Swimming Pool) bewertet werden!

Wer hingegen Goethe verehrt, jenen absoluten Seins-Menschen, wird mitleidig belächelt, kaum mehr ernst genommen und genießt wenig Ansehen. Gewiß, Bücher zu schreiben finden viele Leute zwar immer noch interessant, Bücher zu lesen indessen weit weniger, denn am Fernsehschirm läßt es sich so viel müheloser konsumieren. Doch bleibt aktuell, was der Dichter und Mensch Goethe von uns verlangte:

Das Göttliche

Edel sei der Mensch,
Hilfreich und gut!
Denn das allein
Unterscheidet ihn
Von allen Wesen,
Die wir kennen.

Heil den unbekannten
Höheren Wesen,
Die wir ahnen!
Sein Beispiel lehr' uns
Jene glauben.

Denn unfühlend
Ist die Natur:
Es leuchtet die Sonne
Über Bös' und Gute,
Und dem Verbrecher
Glänzen wie dem Besten
Der Mond und die Sterne.

Wind und Ströme,
Donner und Hagel
Rauschen ihren Weg
Und ergreifen
Vorübereilend
Einen und den andern.

Auch so das Glück
Tappt unter die Menge,
Faßt bald des Knaben
Lockige Unschuld,

Bald auch den kahlen
Schuldigen Scheitel.

Nach ewigen, ehrnen,
Großen Gesetzen
Müssen wir alle
Unseres Daseins
Kreise vollenden.

Nur allein der Mensch
Vermag das Unmögliche:
Er unterscheidet,
Wählet und richtet;
Er kann dem Augenblick
Dauer verleihen.

Er allein darf
Den Guten lohnen,
Den Bösen strafen,
Heilen und retten,
Alles Irrende, Schweifende
Nützlich verbinden.

Und wir verehren
Die Unsterblichen,
Als wären sie Menschen,
Täten im großen,
Was der Beste im kleinen
Tut oder möchte.

Der edle Mensch
Sei hilfreich und gut!
Unermüdet schaff' er
Das Nützliche, Rechte,

Sei uns ein Vorbild
Jener geahnten Wesen!

(Goethes Sämtliche Werke, Jubiläums-
Ausgabe, zweiter Band. J. G. Cotta'sche
Buchhandlung Nachfolger).

Sogar Kultur wird neuerdings einverleibt, dane-
ben beziehungslose, entfremdete Arbeit unwillig
verrichtet, ein Auto nach zwei Jahren spätestens
ausgetauscht, Mode aus Langeweile gewechselt,
Dinge werden gekauft, doch sie verleiden so bald
schon. Das ist sie, die Wegwerfgesellschaft!

Daß diese Lebensart einfach falsch ist, krankma-
chend zuerst, katastrophal zuletzt, findet Erich
Fromm durch die Jahrhunderte bestätigt. Alle Philosophen von Rang, alle Religionsstifter von Bedeutung warnten vor Egoismus, denn er führt unweigerlich zu Krieg und Haß. Die innere Verarmung,
die Außerachtlassung aller seelischen Werte hat unsere Zeit schlimmer als frühere Epochen geprägt. Es
mußte sich eines Tages rächen, keiner Ethik mehr
nachzuleben. Buddha's, ebenso wie Jesu Verkündi-
gungen wurden ins Gegenteil dessen verkehrt, was
Buddha, was Christus ursprünglich wollten.

Fromm verweist auf die Bibel und den Talmud.
Er geht auf Meister Eckhart, den mittelalterlichen
Mystiker, zurück. Denn Mystik ist Gotteserfah-
rung: sie zu machen sind wir auf der Welt. Alle
Heilslehren finden sich in der Übereinstimmung,
daß des Menschen Dasein auf Erden zu anderem
bestimmt ist, als daß wir uns abhetzen, gierig zusam-
menraffen, was wir nie mitnehmen können, Menschen und Tiere hassen und sie töten, ja ausrotten.

Fromm stellte etwas Erschütterndes fest:
«Aber mehr als alles andere befriedigt vielleicht der

Besitz von Eigentum das Verlangen nach Unsterblichkeit, und aus diesem Grund ist die Habenorientierung so mächtig.»

Da liegt die Erklärung! Deshalb auch die Angst vor dem Tode, die nichts mit Furcht vor Schmerz oder Krankheit, jedoch alles mit Schuldgefühlen zu tun hat. Ach, diese grauenvolle Verdrängung! Der Tod ist ins Leben einbezogen, es gibt nicht Diesseits und Jenseits, nur das Eine, das ist die mystische Erfahrung. Tod und Leben bedingen einander ebenso, wie alles, was gegensätzlich scheint und letztlich zusammengehört.

Es gibt unverwischbare Unterschiede. So läßt uns Fromm erkennen, daß Freude und Vergnügen zweierlei sind, daß Beschäftigtsein mit produktivem Aktivsein – im Seins-Modus – nichts zu tun hat. Er beleuchtet erbarmungslos unsere aufgebauschten Bürokratien in Staats- und Privatwirtschaft. Denn, der Mensch ist nicht faul von Natur aus, aber er muß seine Arbeit sinnvoll finden können, was einst für jeden Handwerker so selbstverständlich war wie für den Künstler.

Der Mensch hat ein Recht darauf, sich entfalten zu dürfen. Er gehört nicht einem Staat, sondern sich selber und denen, die er liebt. Natürlich ist Arbeit wichtig, sogar beste Therapie. Reines Denken indessen ist ebenfalls als Arbeit zu betrachten. Es ist sogar eine schöpferische!

Jetzt aber zum Allerschlimmsten, was Fromm gnadenlos aufdeckt und ausspricht: dem Marktcharakter des modernen Menschen:

«Ich habe die Bezeichnung Marktcharakter gewählt, weil der einzelne sich selbst als Ware und den eigenen Wert nicht als Gebrauchswert, sondern als Tauschwert erlebt. Der Mensch wird zur Ware auf dem Persönlichkeitsmarkt... Der Erfolg hängt weitgehend davon ab, wie gut sich ein Mensch auf dem Markt verkauft.»

Also nicht auf Intelligenz, Bildung oder Erfahrung kommt es an, nicht charakterliche Eigenschaften zählen, nein, Anpassung ist das vordringlichste, durch Erziehung gebrochener Wille das erstrebenswerteste Ziel. Derart versklavt sind wir unter der Flagge des Fortschrittes. Deshalb ist es unweigerlich so weit gekommen, daß die Technik den Menschen beherrscht, nicht umgekehrt. So treiben wir auf unsere eigene, totale Vernichtung zu. So begeht die Menschheit gemeinsam schleichenden Selbstmord.

Eines Tages wird ein Wahnsinniger auf einen Knopf drücken und mit der Atombombe alles zerstören. Bald schon, oder noch nicht? Dazu Erich Fromm:

«. . . dann ist eine radikale Änderung des Wirtschaftssystems vonnöten: dann müssen wir der gegenwärtigen Situation ein Ende machen, in der eine gesunde Wirtschaft nur um den Preis kranker Menschen möglich ist. Unsere Aufgabe ist es, eine gesunde Wirtschaft für gesunde Menschen zu schaffen.»

Bleibt uns überhaupt noch Zeit zu dieser so notwendigen Umkehr?

Erich Fromm: «Haben oder Sein», Deutsche Verlagsanstalt, 1976

Erich Fromm: «Sigmund Freuds Psychoanalyse –
Größe und Grenzen»

Die Größe Sigmund Freuds liegt in seiner Ehrlich-
keit, nicht in der Vollkommenheit seiner Lehre. Der
Erfinder der Psychoanalyse konnte unmöglich
während seines arbeitsreichen Lebens allen Dingen
auf den Grund kommen. – Wo denn auch Erich
Fromms Kritik ansetzt, sie ist immer aufbauend
und weiterführend. Seine Auseinandersetzung mit
dem Freudschen Denken «hat ihre eigene Konti-
nuität».

Immer wieder von Neuem fasziniert Erich
Fromms Infragestellung von Freuds Psychoanalyse.
Er weiß um die «Begrenztheit wissenschaftlicher
Erkenntnis», erklärt, «warum jede neue Theorie
fehlerhaft sein muß», ist jeder Dogmatik fern und
schließt dennoch alle wesentlichen Gedankengänge
ein. Er anerkennt Freuds Genie, selbst dort, wo er
ihm seine eigene Begrenztheit vorwirft. Wie überall, führt der Humanismus Fromms über die Gegenwart hinaus, vielleicht in die *«Zukunft einer Illusion»?* (Freud) Das allerdings widerlegte Fromm in
seinem Buch *«Jenseits der Illusionen»!*

«Der Mensch kann die Wahrheit nur erfassen,
wenn er sein gesellschaftliches Leben auf eine hu-
mane, würdige und vernünftige Weise ordnen
kann, ohne Angst und daher ohne Gier . . . Nur in
der messianischen Zeit kann die Wahrheit erkannt
werden, insoweit sie überhaupt erkennbar ist.»

Wenn Fromm die Wurzeln der Freudschen «Feh-
ler» aufdeckt, weist er auf die Überbewertung des
Sexuellen hin, und der Autor von *«Die Kunst des
Liebens»* fragt, «aber was versteht er unter Liebe?»

Freud war ein Kind seiner Zeit. Seine ihm oft –
auch von Fromm – vorgeworfene «Frauenfeindlich-

keit» beruht auf einem Mißverständnis des 19. Jahrhunderts. Wie wäre sonst Freuds Förderung der großen Analytikerinnen Marie Prinzessin Bonaparte, Lou Andreas-Salomé, Helene Deutsch, Ruth Mack-Brunswick, seiner Tochter Anna Freud und vieler anderen zu erklären?

In der Diskussion des Problems der wissenschaftlichen «Wahrheit» gelangt Fromm zu an keine Fakultät gebundenen, allgemein verbindlichen Schlüssen: «Man muß den Menschen in seiner vollen Subjektivität sehen, wenn man ihn überhaupt verstehen will.»

Im Kapitel «Größe und Grenzen der Entdeckungen Freuds» zeigt Fromm Freuds wichtigste Entdeckungen, wie Freuds philosophische und persönliche Voraussetzungen ihn zwangen, seine Entdeckungen einzuengen, wie die Bedeutung der Psychoanalyse wächst, wenn wir sie von diesen Entstellungen befreien. Man kann also durch eine andere Formulierung das Wesentliche und Dauernde in Freuds Theorie von dem Zeit- und Gesellschaftsbedingten trennen.

Das «Unbewußte», der «Ödipuskomplex» und die «Übertragung» erhalten eine vertiefte Deutung, wobei Fromm die interessantesten Beispiele aus der Literatur wählt.

Im Kapitel «Der Narzißmus» erklärt Fromm gar, wo Freud den «West-östlichen Divan» Goethes falsch interpretierte, denn «Goethes Bild vom Menschen, der bleibt, was er ist, wird von Freud dahingehend mißverstanden, daß es den narzißtischen Menschen zeige, während es sich für Goethe natürlich um den reifen, unabhängigen Menschen in seiner Integrität handelt». Meines Erachtens treffen beide Deutungen für Goethe zu, bei aller Verehrung, er war auch narzißtisch, aber ebenso integer; das eine schließt das andere nicht aus.

Doch verzeiht Fromm an anderer Stelle Freud, alles Neurotische in die Kindheit abgeschoben zu haben. Ein Mann des ausgehenden 19. Jahrhunderts mußte den Erwachsenen spielen, allgemeine Kindlichkeit blieb erst unserer späteren, infantileren Epoche vorbehalten! So wechseln die Normen.

Daß Freud ein neurotischer Mensch war, und deshalb die Neurotiker so ausgezeichnet verstand, ist bekannt. Ob seine Selbstanalyse allerdings, wie Fromm schreibt, «ein Fehlschlag» war, ist zu bezweifeln. Außer derjenigen C. G. Jungs kennen wir kaum eine bessere.

Ein weiterer Irrtum Fromms: Jung sei der Meinung gewesen, daß alle Träume in einem klaren, unverschlüsselten Text geschrieben seien, bloß unterschied Jung nicht zwischen latentem und manifestem Trauminhalt wie Freud. Im allgemeinen ist die Symbolik Jungs komplizierter als diejenige Freuds und als Fromms eigene, weil sie die Archetypen des kollektiven Unbewußten einschließt, wie auch die Subjektstufe.

Über die Funktion des Schlafens und Träumens offenbart Fromm neueste Erkenntnisse. Gewiß ist ihm beizupflichten, daß Träume mehr als nur Wunscherfüllungen sind, was auch Freud 1923 korrigierte. «Träume können auch tiefe Einsichten in uns selbst und in andere ausdrücken.» In seiner Auseinandersetzung mit Freuds Triebtheorie eröffnet Fromm neue Aspekte zum Lebens- und Todestrieb, denn «Freud erlebte nicht die Befriedigung, eine Lösung zu finden und mußte die Trieblehre als Torso hinterlassen».

Fromm begann seinerzeit in Berlin als Freudianer zu praktizieren. Ihn heute als Neo-Freudianer zu bezeichnen wäre sicher falsch, denn eigenstän-

dig führen die Denkansätze Erich Fromms in neue
Dimensionen.

Erich Fromm: Sigmund Freuds Psychoanalyse – Größe und Grenzen, Deutsche
Verlagsanstalt, 1979

LEOPOLD SZONDI

Der Forscher, der die mutige Frage stellte: «Kann der Mensch sein Schicksal wählen?» erlitt ein besonders hartes Schicksal. Am 11. März 1893 als Sohn eines frommen, jüdischen Schuhmachers in Ungarn geboren, hatte Leopold Szondi «die beste Mutter, die man sich vorstellen kann», obschon sie nicht lesen konnte. Im Jahre 1911 begann er in Budapest Medizin zu studieren. Im Ersten Weltkrieg stand Leopold Szondi im Felde, und nur weil der Splitter eines Schrapnellgeschosses in Sigmund Freuds Buch «Traumdeutung» stecken blieb, das er bei sich trug, überlebte er. Ein anderes Mal rettete ihn ein Versetzungsbefehl zu einer fremden Einheit.

Nach Beendigung des unterbrochenen Studiums eröffnete er 1919 eine Praxis, die so wenig einbrachte, daß er hungerte. Über jenen Lebensabschnitt sagte Szondi einmal:
«Nie habe ich mich gleichzeitig so frei gefühlt, wie damals.»

Von 1927 bis 1941 wirkte Szondi als Professor an der Heilpädagogischen Hochschule in Budapest und wurde Leiter ihres psychologischen Forschungs-Instituts.

Nach der Heirat, 1926, kommen 1928 die Tochter, die spätere Ärztin und Mitarbeiterin am Szondi-Institut in Zürich, und 1929 der Sohn zur Welt. Dieser hochbegabte Sohn Peter scheiterte, trotz allen persönlichen Erfolgen, an seinem Leben und setzte ihm, wie sein Freund Paul Celan, freiwillig ein Ende. Gerade kurz zuvor war der Literatur-Professor Peter Szondi von Berlin an die Universität Zürich berufen worden, wo er seinen Eltern hätte nahe sein können.

Die geliebte Tochter und Mitarbeiterin raffte vor

ein paar Jahren eine heimtückische Krankheit viel zu jung dahin.

Warum mußte Leopold Szondi, der in der Schweiz eine zweite Heimat und Wirkungsstätte gefunden, das Konzentrationslager Bergen-Belsen und seine beiden Kinder überleben? Ist das nicht für einen Menschen und dessen Frau zu viel?

Die Schicksalsanalyse

Eine Antwort auf diese Anklage gibt sein Werk, die Schicksalsanalyse, die untrennbar mit ihrem Gründer verbundene Lehre. Sie ist hart erarbeitet, klug durchdacht, heftig umstritten, vielfach in Frage gestellt, weltweit anerkannt, vielen richtungweisend und nicht zuletzt schöpferisch. Es ist eine beinahe idealistische, aber zugleich auch tief pessimistische Weltanschauung, die der Schicksalsanalyse zugrunde liegt.

Wo Szondi über Freud hinausführt, sieht er noch klarer, noch durchdringender, noch schärfer «die Poesie des Bösen». Aber, indem er dem Menschen die Wahl einräumt, spricht er ihm den freien Willen zu.

Dem Fatalismus mancher Religion und der Philosophie Schopenhauers hält Szondi sein tapferes, entschiedenes Nein entgegen, und er begründet es. Seine Tiefenpsychologie wird zur gangbaren Brücke von der Genetik (Erblehre) zum Verständnis der menschlichen Seele.

Ist Schicksal Vererbung? – Buddha sah im Karma, wie er es nannte, etwas Unausweichliches. Jesus bewog den Menschen, nach seinem Beispiel das Kreuz auf sich zu nehmen und es zu tragen. Noch Schopenhauer glaubte, daß schon bei der Geburt des Menschen sein ganzer Lebenslauf bis ins einzelne unwiderruflich bestimmt sei. Auch Goethe verkündete in den Orphischen Urworten zum Daimon:

«Wie an dem Tag, der dich der Welt verliehen,
Die Sonne stand zum Gruße der Planeten,
Bist alsobald und fort und fort gediehen,
Nach dem Gesetz, wonach du angetreten.
So mußt du sein, dir kannst du nicht entfliehen,
So sagten schon Sibyllen, so Propheten,
Und keine Zeit und keine Macht zerstückelt
Geprägte Form, die lebend sich entwickelt».

Dagegen begehrte der junge Leopold Szondi mit der Vermessenheit des kleinen David auf:
«Ich wollte mein eigenes, persönliches Schicksal haben und nicht ein bereits dagewesenes familiäres zwanghaft wiederholen.»

Und er heiratete die junge, blonde Christin aus Sachsen nicht, in die er sich verliebt hatte, wie einst sein älterer Stiefbruder, dessen Ehe später unglücklich ausgegangen war. Mit einer Jüdin ist Leopold Szondi seit über fünfzig Jahren glücklich verheiratet. Ganz im Hintergrund hilft sie ihm sogar bei seiner Arbeit, indem sie seine Texte tippt.

Die Wahlfreiheit

Die Psychoanalyse Sigmund Freuds war Leopold Szondis erste Grundlage, nachdem er Arzt geworden. Als er dem Meister seine Ansichten vorlegte, erhielt er einen Brief Freuds, worin der Skeptiker bemerkte: «. . . die Wahlfreiheit ist oft sehr eingeschränkt . . . Der von Ihnen herausgehobene Faktor

105

könnte seine Rolle haben, ohne der einzige oder der maßgebende zu sein.» Allzusehr sah Freud uns als Opfer unserer Triebe.

Indessen, Szondi ließ sich nicht beirren und fragte:

«Kann der Mensch sich aus der Zange seines bisher gelebten Zwangsschicksals befreien und es mit einem freien Wahlschicksal vertauschen?»

Und er fand die Lösung:

«Der erste Schritt dieser Schicksals-Freiheit ist, . . . daß der Mensch weiß, daß er mehrere Existenzmöglichkeiten hat und sie willentlich bewußtmachen kann. Man kann aber nur bewußtmachen, was in uns unbewußt bereits vorhanden war.»

So entdeckte Szondi nach Freuds persönlichem Unbewußten und C. G. Jungs kollektivem Unbewußten, daß wir auch ein familiäres Unbewußtes in uns tragen.

Szondi machte klar, daß der Mensch nicht dazu verurteilt bleibt, zwanghaft ein Ahnenschicksal wiederholen zu müssen, sondern über bessere, eigene Existenzmöglichkeiten verfügt, unter denen er frei wählen kann.

Denn zwei Schicksalskategorien gibt es: die des Zwangsschicksals – der Dichter Gerhart Hauptmann zeigte das so hervorragend in seinem Drama «Fuhrmann Henschel», als er ihn am Schluß sagen läßt: «Ane Schlinge ward mir gelegt, und in die Schlinge, da trat ich halt nein!» – und die des freien Wahlschicksals. Szondis genaue Definition lautet: «Schicksal ist die Ganzheit aller ererbten und frei wählbaren Existenzmöglichkeiten.»

Über fünfundzwanzig Jahre, von 1937 bis 1963, dauerte es, bis die Schicksalsanalyse als Therapiemöglichkeit ausgearbeitet zur Verfügung stand.

Folgende Funktionen bedingen das Zwangsschicksal: Erbfunktionen, Trieb- und Affektfunktionen, soziale und weltanschauliche Umgebung. Sie prägen den Charakter. Die Ich-Funktionen und die Geistesfunktionen jedoch vermögen ein frei gewähltes Schicksal herbeizuführen, nicht bis ins allerletzte vielleicht, aber in einem sehr weiten Lebensbereich.

Selbstverständlich sind diese Funktionen, die unfreien wie die freien, nicht voneinander zu trennen, sie ergänzen sich gegenseitig. Uns obliegt es, sie zu steuern!

Das Schicksal bewegt sich unablässig zwischen Ahnenerbe, Trieben, Umwelt und Geist. Erstarrt das Ich in einer dieser Funktionen, ergibt sich ein Zwangsschicksal, dem wir nicht mehr entrinnen. Je jünger ein Mensch, desto größer die Chance zum inneren und äußeren Wandel.

Sein Schicksal in die Hand nehmen bedingt, für sich selber Sorge tragen zu können. Sofern das zutrifft, ist die Schicksalsanalyse an kein Alter gebunden. Die Fähigkeit zur Selbstverwirklichung gehört dazu, wie zum Sänger die Stimme. Zudem erfordert die Schicksalsanalyse, wie jede Analyse, die Intelligenz zur Einsicht eigener Schwäche.

Die Genetik des Schicksals, das Ahnenerbe also, beeinflußt die Wahl in Liebe, Freundschaft, Beruf, Krankheit und Tod. Ehegatten erwählen sich durch Gemeinsamkeiten in ihrem Erbgut, ohne vorerst davon zu wissen. Nach Szondi trifft jeder den Partner, den er verdient.

Die Berufswahl scheint mir eingeschränkter zu sein, weil die Weichen beim Kind allzu früh gestellt werden müssen in unserer Leistungsgesellschaft. Aber es ist Szondi durchaus zu folgen, wenn er in Stammbäumen von Chirurgen unter den Vorfahren Metzger, in denen von Feuerwehrleuten Brandstifter und bei Juristen Paranoiker (Geisteskranke) feststellte. In Familien von Priestern, Mönchen, Nonnen, Pastoren und Rabbinern sah Szondi eine Häufigkeit von epileptischen Blutsverwandten.

Zur Wahl des Selbstmordes wies die Schicksalsanalyse statistisch nach, daß paranoid Homosexuelle Gift und Revolver bevorzugen, während Sadisten zu Strick oder Messer greifen, Epileptiker in die Tiefe springen und Schizophrene einfach verhungern.

Anhand des Szondi-Tests mit Bildern kann sogar denjenigen Menschen auf die Spur geholfen werden, ihr Ahnenerbe und ihre Veranlagungen zu erkennen, die als Waisen fern aller Verwandten aufwuchsen.

Die Rolle, die Szondi dem Ich zuweist – nicht zu verwechseln mit dem Selbst C. G. Jungs (Szondis Ich ist bewußt, Jungs Selbst unbewußt) – ist sehr bedeutsam. Dieses Ich soll unter günstigen Umständen sich soweit entwickeln, daß es fähig wird, die Gegensätzlichkeiten des Daseins zu überbrücken.

Das ist eine äußerst schwere Aufgabe, mehr noch: Lebenskunst! Das Ich soll seine Elementarfunktionen souverän beherrschen und lenken, die Grenzen des Bewußtseins überschreiten, also transzendieren können, und mit einer höheren Idee – Kunst, Wissenschaft, Religion – auf die Dauer eins sein. Für die Personen, die das erreichen, ist Szondis Bezeichnung «Pontifex-Ich» angebracht. So weit gelangen wenige, aber es lohnt sich, den Weg einzuschlagen. Er ist nicht leicht und soll, wenn möglich, aus eigener Kraft gegangen werden. Denn, wie bei allen Analysen, ja bei jeder Psychologie, kann der Therapeut nur Begleiter sein. Das Tun liegt an uns selbst, das Opfer sind und bringen wir zugleich, Erkenntnis erlangt nur der Leidensfähige.

Dennoch kommt es immer wieder vor, daß Menschen ihr Schicksal frei wählen, ihr Leben selbst gestalten und ihren Geist mit den Jahren vertiefen.

Szondi weiß: «Der Mensch kommt mit einer Vielheit, einer Garbe von Schicksalsmöglichkeiten auf die Welt, unter denen er später frei zu wählen vermag.»

Freiheit und Zwang

Darüber hinaus stellte er noch etwas Wesentliches fest:

«Der Gegenspieler zum Zwang ist nicht immer die Freiheit, sondern oft das Chaos, die Anarchie. Im Begriff der Freiheit steckt denn auch ein Stück Zwang.»

Als ich Szondi einmal im Gespräch fragte, ob nicht der Suizid die einzige wirkliche Freiheit des Menschen sei, antwortete er mit der Gegenfrage: «Ist das nicht auch schon wieder eine Unfreiheit?»

Genauso sah es der Dichter Hermann Hesse in seinen Büchern «Der Steppenwolf» und «Das Glasperlenspiel». Besonders junge Leute unterliegen oft dem Irrtum, Freiheit an sich sei bereits alles.

Leopold Szondis Bücher erschienen im Huber-Verlag Bern; die wesentlichsten sind: *«Kain, Gestalten des Bösen»*, *«Moses, Antwort auf Kain»* und *«Die Triebentmischten»*. Im letztgenannten Werk stellt Szondi die Gesichtspunkte Freuds und Jungs seinen eigenen gegenüber.

In seinem Buch *«Kain, Gestalten des Bösen»* wird Szondi schonungslos seherisch:

«Kain regiert die Welt. Dem Zweifler raten wir, die Weltgeschichte zu lesen . . . Nicht Gott, sondern Kain namens Mensch manifestiert sich in der Weltgeschichte.»

Kain, der Name des biblischen Brudermörders, wird zum Symbol schlechthin. Kain drängt, wie Hitler, nach Macht und Geltung. «So wirken die Starken. Die Schwachen erliegen dem inneren Gewissen und werden neurotisch und psychotisch.»

Eine triste, aber leider zutreffende Diagnose: Die menschliche Triebstruktur hat sich in Tausenden von Jahren nicht verändert. Die Waffen wurden anders, die Methode des Völkermordes blieb sich gleich.

Zu denselben Schlüssen gelangte Erich Fromm in seinem Buch «Anatomie der menschlichen Destruktivität».

Leopold Szondi ließ einen weiteren Band folgen, in dem ein Ausweg zu finden wäre: *«Moses – Antwort auf Kain».* Das Gesetz, das Moses brachte, lautet: «Du sollst nicht töten!» Es wäre endlich ernsthaft zu befolgen, oder die Menschheit wählt ihren eigenen Untergang. Es gälte für alle Lebewesen, auch die vielgeschändete Natur, wenn es nicht schon zu spät zur Umkehr ist.

Leopold Szondi, der große, schwergeprüfte, alte Mann hat wenig Hoffnung, daß Humanisten jemals in der Welt wirkungsvoll mit ihren Ideen durchdringen. Von Erasmus von Rotterdam bis zu Erich Fromm ist es bisher keinem gelungen. Sie wurden zwar gehört, gelesen, verehrt, ihre Ratschläge aber blieben unbefolgt. Szondi ist überzeugt, «die Brutalisten machen durch Ausdehnung der Ansprüche Kains jegliche humanistische Tätigkeit illusorisch.» Das klingt noch pessimistischer als Freuds «Unbehagen in der Kultur», aber wir leben auch später im zwanzigsten Jahrhundert.

Jedes tiefere Wissen, jede höhere Geistigkeit fordert unerbittlich ihren Preis des Leidens. Noch nie hat Erkenntnis glücklicher gemacht, nur sehender. Das gilt auch für Leopold Szondis Schicksalsanalyse. Nur wenn er diese Wahrheit erträgt, kann der Mensch sein Schicksal frei wählen.

NACHWORT

«Von der Begegnung mit Psychologen, mit ihren Werken, mit ihren Biographen, mit Stätten, denen sie ihren Namen geliehen haben» – so könnte man diese interessante Sammlung von Aufsätzen von Evelyn Weber überschreiben.

Die Autorin leistet sich den Luxus, die Auswahl auf Grund ihrer Begegnungen, ihrer Erlebnisse mit Psychologen und ihren Werken zu treffen und nimmt sich die Freiheit heraus, das als bedeutsam hinzustellen, was ihr etwas bedeutet. In ihren Aufsätzen gelingt es ihr auch, dieses «Bedeutende» aufscheinen zu lassen.

Die Stärke dieser Sammlung von Aufsätzen liegt denn auch nicht in einer Vollständigkeit und Ausgewogenheit, sondern im sorgfältigen und kundigen Darstellen einiger Perspektiven.

Das ergibt originelle Einblicke in Persönlichkeiten, eigenwillige Perspektiven auf ein Werk hin auch, reizt auch zum Widerspruch, fordert den zum Nachdenken heraus, der mit den Biographien und den Werken vertraut ist.

Diese knappen, spannend geschriebenen Aufsätze können aber auch eine erste Orientierung über einige große Psychologen abgeben. Sie regen bestimmt an, sich weiter mit ihnen oder ihrem Werk zu beschäftigen.

Verena Kast

LEBENSDATEN:

Sigmund Freud

geb. 6. 5. 1856 Freiberg, Mähren (heute ČSSR)
gest. 23. 9. 1939 London
Lebte in Wien von 1860–1938
Prof. Dr. med., Arzt, Neurologe, Psychoanalytiker
Begründer der Psychoanalyse

Anna Freud

geb. 3. 12. 1895 Wien
gest. 9. 10. 1982 London
Tochter von Sigmund Freud
Lebte in Wien von 1895–1938,
in London von 1938–1982
Lehrerin, Psychoanalytikerin
Begründerin der Kinderpsychoanalyse

Carl Gustav Jung

geb. 26. 7. 1875 Kesswil am Bodensee, Kanton
Thurgau
gest. 6. 6. 1961 Küsnacht, Kanton Zürich
Wuchs in Klein-Hüningen bei Basel auf
Lebte in Küsnacht am Zürichsee von 1908–1961
Prof. Dr. med., Arzt, Psychiater, Psychoanalytiker
Begründer der Analytischen (Komplexen) Psycho-
logie

Erich Fromm

geb. 23. 3. 1900 Frankfurt am Main
gest. 18. 3. 1980 Locarno (Muralto)
Lebte in Deutschland, USA, Mexico und der
Schweiz
Prof. Dr. phil., Psychoanalytiker, Soziologe,
Philosoph
Vertreter der sogenannten Neo-Psychoanalyse

Leopold Szondi

geb. 11. 3. 1893 Nyitra, Ungarn (heute ČSSR)
Lebte bis 1944 in Budapest, seither in Zürich
Prof. Dr. med., Arzt, Psychiater, Psychoanalytiker
Begründer der Schicksalsanalyse

LITERATUR-AUSWAHL

Die Auswahl aus der sehr umfangreichen Primär-
und Sekundärliteratur erfolgte auf Grund persönlicher Leseerfahrungen. Die Reihenfolge der Titel
entspricht deshalb einer subjektiven Empfehlung,
die hier nicht näher begründet wird und für den
Leser nicht verbindlich ist.

Sigmund Freud

Primärliteratur: S. Fischer Verlag

Die Traumdeutung
Sexualleben
Hysterie und Angst
Psychologie des Unbewußten
Bildende Kunst und Literatur
Vorlesungen
Zwang, Paranoia und Perversion
Zwei Kinderneurosen

Sekundärliteratur:

Ernest Jones: Sigmund Freud, Leben und Werk,
    S. Fischer 1969
Ronald W. Clark: Sigmund Freud, S. Fischer
    1979
Max Schur: Sigmund Freud – Leben und Sterben,
    Suhrkamp 1973

Stefan Zweig: Die Heilung durch den Geist –
Freud, S. Fischer 1952
Oscar Mannoni: Freud, Rowohlt, 1971, rororo 178

Anna Freud

Primärliteratur: Gesamtwerk Kindler Verlag

Das Ich und die Abwehrmechanismen, Kindler,
Geist und Psyche, 1978
Einführung in die Technik der Kinderanalyse,
Kindler, Geist und Psyche, 1979
Wege und Irrwege in der Kinderentwicklung, Hu-
ber/Klett 1971
Schwierigkeiten der Psychoanalyse in Vergangen-
heit und Gegenwart, S. Fischer, 1972
Heimatlose Kinder (zusammen mit Dorothy Bur-
lingham), S. Fischer 1971, 1982

Sekundärliteratur:

Uwe Henrik Peters: Anna Freud – Ein Leben für
das Kind, Kindler, 1979

Carl Gustav Jung

Primärliteratur: Walter Verlag

Erinnerungen, Träume, Gedanken
(aufgezeichnet und herausgegeben von Aniela Jaffé)

Über die Psychologie der Dementia Praecox
Psychologie und Religion
Antwort auf Hiob
Zur Psychoanalyse
Die Beziehungen zwischen dem Ich und dem Un-
    bewußten
Typologie
Seelenprobleme der Gegenwart
Psychologie und Alchemie
Psychologie der Übertragung
Über psychische Energetik und das Wesen der
    Träume
Ein moderner Mythus
Mandala

Sekundärliteratur:

Barbara Hannah: C. G. Jung – Sein Leben und
    Werk, Bonz 1982
Marie-Louise von Franz: C. G. Jung – Sein Mythos
    in unserer Zeit, Huber, Frauenfeld, 1972
Aniela Jaffé: Aus C. G. Jungs Welt – Gedanken und
    Politik, Werner Classen, 1979
Gerhard Wehr: C. G. Jung, Rowohlt 1969, rororo
    152

Erich Fromm

Primärliteratur: Deutsche Verlagsanstalt

Die Furcht vor der Freiheit
Haben oder Sein
Sigmund Freuds Psychoanalyse – Größe und
  Grenzen
Anatomie der menschlichen Destruktivität
Psychoanalyse und Religion
Die Kunst des Liebens
Die Seele des Menschen
Die Revolution der Hoffnung
Ihr werdet sein wie Gott
Jenseits der Illusionen
Märchen, Mythen, Träume

Sekundärliteratur:

Rainer Funk: Mut zum Menschen, Deutsche Ver-
  lagsanstalt 1978
Rainer Funk: Erich Fromm, Rowohlt 1983, rororo
  322
Gerhard P. Knapp: Erich Fromm, in: Köpfe des
  XX. Jahrhunderts, Colloquium Verlag Otto H.
  Hess, Berlin 1982

Leopold Szondi

Primärliteratur: Hans Huber Bern

Freiheit und Zwang im Schicksal des Einzelnen
Schicksalsanalytische Therapie
Triebpathologie
Kain, Gestalten des Bösen
Moses, Antwort auf Kain
Die Triebentmischten

Sekundärliteratur:

Alexander Gosztonyi: Der Mensch und sein Schicksal, Grundzüge von Leopold Szondis Tiefenpsychologie, Origo 1974
Alfred A. Häsler: Außenseiter – Innenseiter, Das Schicksal des Menschen, Leopold Szondi, Huber, Frauenfeld 1983
SZONDIANA, Zeitschrift für Tiefenpsychologie und Beiträge zur Schicksalsanalyse 1983, 3. Jahrgang, Heft 1, Zum 90. Geburtstag von Dr. med. Leopold Szondi, Stiftung Szondi-Institut Zürich

KONTAKT-ADRESSEN

Sigmund-Freud-Institut
Myliusstrasse 20
D-6000 Frankfurt am Main 1   Tel. 6 11 72 92 45

The Hampstead Child-Therapy
Course and Clinic
21, Maresfield Gardens
London NW3 5SH   Tel. 01-7 94 23 13-4-5

C. G. Jung-Institut Zürich
Hornweg 28
CH-8700 Küsnacht   Tel. 9 10 53 23

Stiftung Szondi-Institut
Lehr- und Forschungsinstitut für
Allgemeine Tiefenpsychologie und
speziell für Schicksalspsychologie
Krähbühlstrasse 30
CH-8044 Zürich   Tel. 2 52 46 55

Klinik am Zürichberg
Klinik und Forschungsstätte für Jungsche Psycho-
logie
Dolderstrasse 107
CH-8032 Zürich   Tel. 2 52 03 44/45

Von Evelyn Weber ist im Verlag Rolf Kugler 1981 erschienen:

Dichter privat
mit den Kapiteln:

Jean Cocteau und Jean Marais
Goethes und Werthers Leiden
Goethe und Charlotte von Stein
Goethes Freundschaft mit seinem Diener Philipp
Gerhart Hauptmanns Italienische Reise 1897
«Bin ich noch in meinem Haus?» (G. Hauptmann)
Gerhart Hauptmanns Gefährtin Margarete
Hermann Hesse – Ewiger Wanderer und
großer Bewahrer
Klaus Mann – Müde aller Masken
Thomas Mann – Schließen wir doch die Augen,
geborgen von Ewigkeit
Oscar Wilde – der angepaßte Rebell
Carl Zuckmayer – Ich brauchte nicht zu hassen

101 Seiten, mit einem Nachwort
von Prof. Dr. Karl Fehr

Die zwölf kurzgefaßten Monographien geben Einblick in das Leben und Schaffen bedeutender Dichterpersönlichkeiten. Die Autorin nennt sie «meine Lieblingsdichter». Ihr Anliegen ist es, die Einheit von Person und Werk auf eine gemeinverständliche Art und in schlichter und klarer Sprache darzustellen. Meistens geht sie von einem konkreten Beispiel oder einer menschlichen Beziehung aus und macht die darin namhaft gemachte Dichterpersönlichkeit und ihre Lebenspartner auf eine interessante Weise sichtbar.

Karl Fehr schreibt in seinem Nachwort:
«Es ist der besondere Reiz dieser kurzgefaßten Monographien, daß sie mit außerordentlichem Einfühlungsvermögen, mit psychologischem Takt und doch mit einem unbeirrbaren Sinn für Tatsachen geschrieben sind.»

Die Reihe Lebensbücher im Verlag Rolf Kugler wird fortgesetzt:

Marianne Kawohl, Geöffnete Hände. Gedanken, Gedichte und Meditationen über menschliche Grunderfahrungen, 93 Seiten.

Marianne Kawohl unternimmt es in ihren Gedichten und Meditationen, den Lebenshorizont einer modernen Frau lyrisch zu durchdringen. Die Erfahrung einer von Krankheit schmerzlich überschatteten Jugend gehen ebenso in die Eigenart ihres Dichtens ein wie die Kraft eines leidenschaftlichen Herzens, das Trauer, Verzweiflung, Einsamkeit, aber auch Entzücken und Liebeshingabe sein eigen nennt.

Die Gedichte und Meditationen umfassen die Themen: Hände, Schmerz, Individualität, Einsamkeit, Melancholie, Todessehnsucht, Sehnsucht, Romantik, Entwicklung, Trost, Hoffnung, Heilung.

Weitere Titel aus dem Verlags-Programm:

Paul Erni, Georg Huber, Begegnung und Besinnung, mit zahlreichen Illustrationen, 137 Seiten, Leinen mit Schutzumschlag.

Ein höchst aktuelles Buch, das vor allem den weltanschaulich interessierten Leser ansprechen dürfte. Die reiche Lebenserfahrung der beiden Autoren – sie umfaßt die ganze Skala vom beglückenden Erfolgserlebnis bis zur bitteren Enttäuschung – findet ihren Niederschlag in zwanzig Kapiteln. Im Grunde sind es kritische Betrachtungen zur geistigen Situation unserer menschlichen Gemeinschaft. Begegnungen auch mit dem Werk bedeutender Dichter und Denker.

Pädagogik und Psychologie:

Willy Aeppli, Aus dem Anfangsunterricht einer Rudolf Steiner-Schule, 159 Seiten.

Die Unterrichtserfahrungen eines Lehrers, der in der Begegnung mit Rudolf Steiner seine berufliche Erfüllung gefunden hat, führen ein in die anthroposophische Menschenkunde und ihre Anwendung in den verschiedenen Fächern.

Andreas Iten, Die Sonnenfamilie. Ein Familienbeziehungstest im Spiegel von Kinderzeichnungen. Mit 77 ein- und mehrfarbigen Zeichnungen, 211 Seiten.

Kindern fällt es leicht, sich in Sonnen auszudrükken und damit die Beziehungen der Familienmitglieder zueinander darzustellen. – Das schön ausgestattete Buch eignet sich als Testanleitung für Lehrer, Kindergärtnerinnen, Familientherapeuten und Schulpsychologen, aber auch für interessierte Eltern.

Hanspeter Müller, Schule – Selbstzweck oder Lebenshilfe? 120 Seiten.

Der Lehrbeauftragte für Pädagogik an der Universität Basel und ehemalige Direktor des Lehrerseminars setzt sich vehement für eine Schule ein, die dem heranwachsenden Menschen Hilfe bietet, sein Leben befriedigend zu gestalten. – Das gut lesbare Buch empfiehlt sich all jenen, die im erzieherischen Bereich tätig sind: Lehrern, Schulbehördenmitgliedern, Politikern.

Belletristik:

Elfriede Huber-Abrahamowicz, parallel. Ein Frauenroman. 147 Seiten. 4. Auflage.

«Es ist der Autorin gelungen, anhand zweier

Schicksale die Zwickmühle zu zeigen, in der so viele Frauen stecken. . . . ‹Parallel› ist ein eigenwilliger Roman, der nichts Gefälliges an sich haben will und der trotz seinen Dissonanzen fasziniert.» Neue Zürcher Zeitung

– Spiegelspannung, 48 Seiten.
   In diesem Sonett-Zyklus kommt der im Roman ‹parallel› gestaltete Liebeskonflikt zur Lösung. Wir hören hier die Stimme einer Frau, die nicht nachspricht, was Männer vorsprechen: nicht den Lebensekel, nicht den Liebesüberdruß. Und vielleicht bewegt sie sich gerade darum nicht stammelnd am Rande der Sprachlosigkeit, sondern gestaltend mit dem uralten Zauber von Rhythmus und Reim.

– Muttergestirn, Gedichte. 48 Seiten.
   Bild und Rhythmus bewegen sich in einer Gegenwelt zu unserer technisch dominierten, von Selbstzerstörung bedrohten: Natur als das Mütterliche.

Geert-Ulrich Mutzenbecher, Gestern ist morgen.
   Drei Erzählungen. 120 Seiten, Leinen mit Schutzumschlag.
   «Ein Gedankenreichtum spiegelt sich in diesen sensiblen Erzählungen wider – voller Phantasie und selbsterfahrenem Leben. Suche man in der modernen Literatur etwas Vergleichbares!» Hellmut Saucke

Zeitschriften im Verlag Rolf Kugler:
AGOGIK. Zeitschrift für Fragen sozialer Gestaltung, erscheint viermal im Jahr.
DER VERLEGERBRIEF. Eine Vierteljahreszeitschrift für Menschen, die gerne schreiben und lesen, verbunden mit einem persönlichen Beratungsdienst.